DIE VORLÄUFIGE VOLLSTRECKBARKEIT

VON

DR. IUR. ERNST RAYDT

LEIPZIG
VERLAG VON VEIT & COMP.
1904

Leipziger juristische Inauguraldissertation.

Druck von Metzger & Wittig in Leipzig.

MEINER SCHWESTER

ALMA H. RAYDT

IN DANKBARKEIT UND LIEBE

GEWIDMET

Inhalt.

Verzeichnis der benutzten Literatur.

I

Materialien, Hand- und Lehrbücher, Kommentare.

Die gesamten Materialien zu den Reichs-Justizgesetzen. Herausgegeben von C. Hahn, fortgesetzt von B. Mugdan. 2. Band.

Die gesamten Materialien zur Civilprozeßordnung. Berlin 1881, R. v. Deckers Verlag. 8. Band.

Materialien zum Gesetz betreffend Änderungen der Civilprozeßordnung, Gerichtsverfassungsgesetz und Strafprozeßordnung. Berlin 1898, R. v. Deckers Verlag.
Abgekürzt: Hahn.

Handbuch des deutschen Civilprozeßrechts von Adolf Wach. 1. Band. Leipzig 1885, Verlag von Duncker & Humblot.
Abgekürzt: Wach, Handbuch.

Lehrbuch des deutschen Civilprozeßrechts von Julius Wilhelm Planck. 2 Bände. Nördlingen 1887 ff., Verlag der C. H. Beckschen Buchhandlung.
Abgekürzt: Planck, Lehrbuch.

Kommentar zur Civilprozeßordnung für das deutsche Reich von Gaupp-Stein. 4. und 5. Auflage. Tübingen und Leipzig 1901, 1902, Verlag von J. C. B. Mohr.

Ferner die Kommentare zur Civilprozeßordnung von Seuffert, 8. Auflage, Petersen-Anger, 4. Auflage und Struckmann-Koch, 8. Auflage.
Abgekürzt: Gaupp-Stein usw., Kommentar.

Bürgerliches Gesetzbuch nebst Einführungsgesetz, erläutert v. G. Planck. Berlin 1897 ff., J. Guttentag.

Löwe, Kommentar zur Strafprozeßordnung für das deutsche Reich. 1900. 10. Auflage.
Abgekürzt: Löwe, Kommentar.

II

Abhandlungen.

Die vorläufige Vollstreckbarkeit der Urteile wider den Kläger, von Landgerichtsdirektor Boost in Dresden, im Archiv für civilrechtliche Entscheidungen der sächsichen Justizbehörden. Herausgegeben v. Friedrich Albert Wengler, Neue Folge, 2. Jahrgang, Leipzig 1881 S. 321 ff.
Abgekürzt: Boost in Wenglers Archiv.

Ist ein den Kläger abweisendes und zur Tragung der Rechtsstreitskosten verurteilendes Erkenntnis auf Antrag des Beklagten bezüglich des Kostenpunktes für vorläufig vollstreckbar zu erklären, wenn die dem Beklagten zu erstattenden Kosten den Betrag von 300 Mark nicht übersteigen?

In den Beiträgen zur Erläuterung des deutschen Rechts, begründet von Dr. J. A. Gruchot, herausgegeben von Dr. Rassow, Dr. Küntzel und

Dr. Eccius, Berlin, Verlag von Franz Vahlen, Band 27, S. 14 ff., von Landgerichtsdirektor Hallbauer in Leipzig, Band 29 derselben Zeitschrift, S. 640 ff. von Rechtsanwalt Eugen B. Auerbach in Berlin.
Abgekürzt: Hallbauer bezw. Auerbach bei Gruchot.

Inwieweit sind Urteile, insbesondere auf Grund von § 649 Nr. 4 CPO. auf Antrag des Beklagten für vorläufig vollstreckbar zu erklären? von Landgerichtspräsident Just in Freiberg i. S., 1885, im Bande 68 S. 123 ff. des Archivs für die civilistische Praxis, herausgegeben von Gensler und anderen, Heidelberg 1820 ff.
Abgekürzt: Just im civilistischen Archiv, Band 68.

Die Vollstreckbarkeit nach Reichscivilprozeßrecht, von Dr. J. S. Gmelin, Tübingen 1898, H. Lauppsche Buchhandlung.
Abgekürzt: Gmelin, Vollstreckbarkeit.

Gmelin, in den Jahrbüchern der Württembergischen Rechtspflege, 5. Band, Tübingen 1893, S. 227—252.
Abgekürzt: Gmelin.

Die vorläufige Vollstreckbarkeit in der deutschen Civilprozeßordnung, eine civilprozessuale Abhandlung von Dr. jur. Otto Forkel, Wildenfels 1895.
Abgekürzt: Forkel, vorläufige Vollstreckbarkeit, auch Forkel, v. V.

Wach im III. Bande, S. 66 ff. der Deutschen Juristenzeitung, von Laband, Stenglein, Staub, Berlin 1896, Otto Liebmann.
Abgekürzt: Wach in D. J. Z. III.

III

Entscheidungen und sonstige Literatur.

Entscheidungen des Reichsgerichts in Civilsachen. Herausgegeben von den Mitgliedern des Gerichtshofes. Bände IX, X, XII, XIII, XIV, XVI, XX, XXIII, XXV.
Abgekürzt: RG.

Annalen des Königlich Sächsischen Oberlandesgerichts zu Dresden. Bände VI, VII, X, XII, XIII.
Abgekürzt: Annalen des OLG. Dresden.

Archiv für Entscheidungen der obersten Gerichte in den deutschen Staaten. Herausgegeben von J. A. Seuffert, 1847 ff. Bände XXXVII, XXXVIII, XXXIX, XLVII.
Abgekürzt: Seufferts Archiv.

Archiv für civilrechtliche Entscheidungen der Sächsischen Justizbehörden.
Abgekürzt: Wenglers Archiv.

Sächsisches Archiv für Bürgerliches Recht und Prozeß. Band III. 1893.

Der Feststellungsanspruch, ein Beitrag zur Lehre vom Rechtsschutzanspruch, von Adolf Wach, Leipzig 1889, Duncker & Humblot.
Abgekürzt: Wach, Feststellungsanspruch.

Vorträge über die Reichs-Civilprozeßordnung, gehalten vor praktischen Juristen im Frühjahr 1879 von Adolf Wach. Zweite veränderte Auflage. Bonn 1896, Adolph Marcus.
Abgekürzt: Wach, Vorträge.

Im übrigen sind die Literaturnachweise aus dem Texte zu ersehen.

Für die angezogenen Reichsgesetze sind die allgemein üblichen Abkürzungen gebraucht worden.

Einleitung.

Scire leges non hoc est, verba earum tenere sed vim ac potestatem.
l. 17 Dig. de legibus 1, 3.

Zu prüfen, ob und inwieweit das Recht des Gemeinwesens, dem sie angehören, verbesserungsbedürftig erscheine, zu suchen nach den geeigneten Mitteln, um einen glücklicheren Rechtszustand herbeizuführen und daran mitzuwirken, daß das als gut Erkannte zur Geltung gelange, ist eine Aufgabe, auf deren Lösung im allgemeinen nur wenigen so, wie sie wohl möchten, Zeit und Kräfte zu verwenden, vergönnt ist.

Die Haupttätigkeit der meisten Juristen unserer Zeit liegt auf dem Gebiete der Rechtsanwendung. Genaue Kenntnis des geltenden Rechtes, insbesondere des geltenden Gesetzesrechtes, das im Laufe der Zeit das Gewohnheitsrecht immer mehr verdrängt hat, ist daher eines der wichtigsten Stücke der Ausbildung des heutigen Juristen und die Gesetzesauslegung eine seiner bedeutendsten Aufgaben.

Jedes Gesetz ist auslegungsbedürftig.

Ein klarer Rechtssatz bedarf der Auslegung so gut, wie ein unklarer. Je unvollkommener aber der Wille des Gesetzes in dessen Worten zum Ausdruck gekommen ist, um so wichtiger, notwendiger und schwieriger wird seine Auslegung.

Mit den Schwierigkeiten jedoch, die bei der Auslegung eines Rechtssatzes zu überwinden sind, wächst auch der Wert der Geistestat, die in der Erkenntnis des Wesens eines Rechtssatzes liegt; die Auslegung erscheint als eine Kunst, deren Aufgaben nur der Kundige zu lösen vermag.

Der Wert der Gesetzesauslegung tritt noch klarer hervor, wenn man bedenkt, von wie großer Bedeutung für das Volksleben und eine wie unerläßliche Voraussetzung für eine segensreiche Wirkung der Gesetze sie ist. Der Richter muß in allen Fällen eine Entscheidung fällen, ein „non liquet“ gibt es für ihn nicht. Gleiche oder ähnliche Rechtsverhältnisse werden tagtäglich nach denselben Gesetzen von vielen verschiedenen Richtern entschieden. Da ist es wohl wichtig und eifriger Bemühung wert, die Stellen in unseren Gesetzen, über deren Sinn noch der Schleier der Unklarheit liegt, und über deren richtige Auslegung man streitet, ans helle Tageslicht zu ziehen, damit auf diesen Gebieten einer einheitlichen und gesunden Rechtsprechung die Pfade geöffnet werden.

An der Erfüllung der bezeichneten Aufgabe will die folgende Arbeit versuchen, ein wenig mitzuwirken.

Ihr Gegenstand ist der Civilprozeßordnung für das Deutsche Reich vom 30. Januar 1877 in der Fassung nach den Gesetzen vom 17. und 20. Mai 1898, und zwar dem achten Buche der Civilprozeßordnung, der Lehre von der Zwangsvollstreckung, entnommen.

Gerade die Regelung des Zwangsvollstreckungsverfahrens ist von großer Bedeutung für die Verwirklichung der bestehenden rechtlichen Ansprüche der Gesetzesuntertanen; der Wert einer Civilprozeßordnung ist in hohem Grade durch ihre Vorschriften über die Zwangsvollstreckung bedingt. Daher ist es auch selbstverständlich, daß gerade auf dem Gebiete der Zwangsvollstreckung Klarheit der gesetzlichen Bestimmungen und Einheitlichkeit der Rechtsprechung unumgänglich notwendige Voraussetzungen dafür sind, daß der Rechtsuchende auch wirklich Recht finde.

Leider bestehen in der deutschen Civilprozeßordnung bezüglich ihrer Vorschriften über die Zwangsvollstreckung ebenso wie bezüglich mancher anderer ihrer Bestimmungen erhebliche Meinungsverschiedenheiten und infolgedessen in weiten Kreisen Unklarheiten.

Zu den Vorschriften, die viel umstritten sind, eine recht verschiedenartige Rechtsprechung hervorgerufen haben und noch immer hervorrufen, gehören auch die hervorragend wichtigen Bestimmungen der Prozeßordnung über die vorläufige Vollstreckbarkeit.

Zwar ist in der wissenschaftlichen Literatur wiederholt mehr oder minder ausführlich über vorläufige Vollstreckbarkeit geschrieben worden; aber noch nicht in allen Punkten ist Klarheit geschaffen, noch nicht hat sich eine Meinung siegreich durchgerungen.

Das mag teilweise an der Fassung des Gesetzes liegen, welches in den Paragraphen, in denen es die vorläufige Vollstreckbarkeit behandelt, eine nicht ganz leicht verständliche Sprache redet, teilweise aber liegt es auch an der bedauerlichen Geringschätzung und Achtlosigkeit, mit der so viele Vertreter der Praxis und der Wissenschaft an der so wichtigen Frage der vorläufigen Vollstreckbarkeit vorübergehen.

Der Zweck der folgenden Arbeit ist, das Wesen und die Bedeutung der vorläufigen Vollstreckbarkeit durch Auslegung der sie behandelnden Gesetzesparagraphen darzustellen, und dabei wird zu den auf diesem Gebiete bestehenden Zweifeln und Streitfragen Stellung genommen werden müssen.

Wenn die Schwierigkeit der Aufgabe auch die Befürchtung nahe legt, man werde Schiffbruch leiden in einem Fahrwasser, in welchem es anderen nicht besser erging, so würde die Arbeit doch nicht vergeblich sein, sollte durch sie auch nur aufs neue gezeigt werden, wo sich die Klippen und Sandbänke befinden, die es zu umschiffen gilt.

Das vorangeschickte Wort des Celsus aber möge den Kurs angeben, nach welchem gesteuert werden soll:

Scire leges non hoc est, verba earum tenere sed vim ac potestatem.

I. Begriff der vorläufigen Vollstreckbarkeit.

§ 1.

Allgemeines.

Die vorläufige Vollstreckbarkeit ist eine gewissen im Civilprozeß ergehenden Endurteilen durch ausdrückliche Erklärung verliehene Eigenschaft, die es ermöglicht, aus diesen Urteilen vor Eintritt der Rechtskraft die Zwangsvollstreckung zu betreiben.

Die Zwangsvollstreckung ist eine Rechtspflegehandlung des Staates[1], die dem Prozeßrecht angehört.[2] Im Strafprozeß wie im Civilprozeß spielt die Zwangsvollstreckung eine wichtige Rolle. Eine vorläufige Vollstreckbarkeit gibt es jedoch im Strafprozeß nicht. Diese ebenso unbestrittene wie leicht verständliche Tatsache erklärt sich aus mancherlei Gründen, auf die im einzelnen einzugehen hier zu weit führen würde, insbesondere auch wohl daraus, daß die Zwangsvollstreckung im Strafprozeß nicht nur Vermögen und andere Sachgüter dessen, gegen den sie sich richtet, ergreift, sondern die Freiheit und das Leben antastet. Diese Güter sind zu wichtig, als daß der Staat seine Zwangsgewalt zu einem Eingriff in sie zur Verfügung stellen dürfte, wenn nicht ein rechtskräftiges Urteil ihm eine sichere Gewähr dafür bietet, daß sein zwangsweises Eingreifen berechtigt sei. Daher findet die Zwangsvollstreckung im Strafprozesse, soweit sie aus Urteilen betrieben wird, nur auf Grund rechtskräftiger Urteile statt, von einer vorläufigen Vollstreckbarkeit ist in der deutschen Strafprozeßordnung nicht die Rede.[3]

---

[1] Wach, Handbuch S. 129.

[2] Eine Definition des Begriffs „Zwangsvollstreckung" findet sich bei Gmelin, Vollstreckbarkeit; vgl. insbesondere S. 4.

[3] Eine Ausnahme macht der § 122 StrPO. Es findet sich hier die Vorschrift, daß die von einem Angeschuldigten, dessen Verhaftung lediglich wegen Fluchtverdachts angeordnet war, zur Abwendung der Untersuchungshaft gerichtlich hinterlegte, noch nicht frei gewordene Sicherheit zufolge Entscheidung des Strafrichters der Staatskasse verfällt, wenn der Angeschuldigte sich der Untersuchung oder dem Antritt der erkannten Freiheitsstrafe entzieht. Von der Entscheidung des Strafrichters, die den Verfall der Sicherheit ausspricht, heißt es im § 122 StrPO., sie habe gegen die, welche für den Angeschuldigten Sicherheit geleistet haben, die Wirkungen

Die vorläufige Vollstreckbarkeit ist im wesentlichen eine Einrichtung des Civilprozeßrechts.

Die maßgebenden Bestimmungen über die vorläufige Vollstreckbarkeit finden sich daher auch in der Civilprozeßordnung, und es kann kaum als eine Einschränkung des Themas empfunden werden, wenn die folgende Darstellung sich fast ausschließlich mit den in der deutschen Civilprozeßordnung enthaltenen Vorschriften über vorläufige Vollstreckbarkeit befaßt.

Hauptsächlich kommen die Vorschriften der §§ 708 bis 721 CPO. in Betracht, die sich unter den allgemeinen Bestimmungen der CPO. über die Zwangsvollstreckung finden, und zwar in deren erstem Teile, in welchem die Zwangsvollstreckung aus Urteilen behandelt wird.

§ 2.

Nur Endurteile und Vollstreckungstitel, die solchen nach ausdrücklicher gesetzlicher Vorschrift hinsichtlich der Zwangsvollstreckung gleichstehen, können für vorläufig vollstreckbar erklärt werden; sie sind nur vorläufig vollstreckbar, wenn sie ausdrücklich dafür erklärt werden.

Da jede Zwangsvollstreckung eine Tätigkeit des Staates bedeutet, so bestimmt auch der Staat die Voraussetzungen, unter denen eine Zwangsvollstreckungshandlung allein vorgenommen werden darf. Voraussetzung einer jeden Vollstreckungshandlung im Geltungsgebiete der CPO. ist das Vorhandensein eines gesetzlichen Grundes, der die Vollstreckbarkeit bedingt, eines Vollstreckungstitels.

Der Vollstreckungstitel erscheint stets in der Form einer öffentlichen Urkunde, er gibt das Recht auf den Vollstreckungsakt des Staates, den Vollstreckungsanspruch, einen publizistischen

---

eines von dem Civilrichter erlassenen, für vorläufig vollstreckbar erklärten Endurteils.

Die erwähnte Entscheidung betrifft, wie ohne weiteres einleuchtet, vermögensrechtliche rein civilistische Fragen, und es kann die analoge Anwendung civilprozessualer Grundsätze hier keineswegs befremdlich erscheinen, wennschon man es abgelehnt hat, bezüglich dieser Frage den Civilprozeßweg zuzulassen, wie von der Reichstagskommission bei Beratung der Strafprozeßordnung beantragt worden war (Löwe, Kommentar S. 409).

Anspruch gegen den Staat seitens dessen, der mit Recht von dem Vollstreckungstitel Gebrauch macht, — der Vollstreckungstitel gibt einen besonders gearteten Rechtsschutzanspruch.[1] Die CPO. kennt eine ziemliche Anzahl solcher Vollstreckungstitel.[2] Es sind folgende:

1. das vollstreckbare im Civilprozeß ergehende Endurteil eines inländischen Gerichts, § 704 CPO.;
2. das Vollstreckungsurteil für das Urteil eines ausländischen Gerichts, § 722 CPO. und für den Schiedsspruch, § 1042 CPO.;
3. der prozeßbeendigende Vergleich, § 794 Nr. 1 u. 2 CPO.;
4. Entscheidungen, gegen welche das Rechtsmittel der Beschwerde stattfindet, § 794 Nr. 3 CPO.;
5. Vollstreckungsbefehle im Mahnverfahren, § 794 Nr. 4 CPO.;
6. die sogenannten vollstreckbaren Urkunden, § 794 Nr. 5 CPO.;
7. Arrestbefehle und einstweilige Verfügungen, §§ 916, 922, 928, 929 und §§ 935, 936 CPO.

Regelmäßig ist die Rechtskraft einer Entscheidung unumgängliche Voraussetzung dafür, daß sie als Vollstreckungstitel dienen könne. Die vorläufige Vollstreckbarkeit bedeutet eine Ausnahme von dieser Regel. Entscheidungen, die für vorläufig vollstreckbar erklärt werden, sind als Vollstreckungstitel wirksam, obschon sie noch anfechtbar und nicht rechtskräftig sind. Solche Entscheidungen können später rechtskräftig werden. Dann lösen sich die eigenartigen Wirkungen der vorläufigen Vollstreckbarkeit in denen der Rechtskraft auf.

Nicht alle genannten Vollstreckungstitel können für vorläufig vollstreckbar erklärt werden. Die unter 3. genannten Vergleiche und die unter 6. genannten Urkunden haben mit rechtskräftigen

---

[1] Wach, Vorträge S. 300. Vgl. auch Planck, Lehrbuch II S. 616; Gmelin, Vollstreckbarkeit S. 33ff. Von Kommentaren insbesondere Gaupp-Stein in den Vorbemerkungen zum 8. Buch der CPO. unter II.

[2] Über die sonstigen reichsrechtlich zugelassenen Vollstreckungstitel vgl. Gaupp-Stein, Kommentar zu § 794 unter II und zu § 704 unter I, 2. Wegen der Möglichkeit weiterer auf Landesgesetz ruhender Vollstreckungstitel ist § 801 CPO. zu vergleichen. Bezüglich der vorläufigen Vollstreckbarkeit, soweit sie überhaupt in Frage kommt, ist bei diesen Titeln Besonderes nicht zu bemerken. Wegen § 122 StrPO. wird auf die Anmerkung auf S. 4 dieser Abhandlung verwiesen.

Entscheidungen ein charakteristisches Merkmal gemeinsam, die Unanfechtbarkeit. Sie sind dem Angriff durch Rechtsmittel entzogen, und das mit gutem Recht, ergeben sich doch diese Vollstreckungstitel aus freier Disposition der Parteien und nicht durch richterliches Dekret. Welchen Sinn sollte es haben, der Partei gegen einen durch ihren eigenen Willen geschaffenen Vollstreckungstitel ein Rechtsmittel zu geben? — Folge ihrer Unanfechtbarkeit ist die in § 794 Nr. 1, 2, 5 CPO. ausgesprochene Fähigkeit dieser Vollstreckungstitel, als Grundlage der Zwangsvollstreckung zu dienen; sie stehen insofern rechtskräftigen Entscheidungen gleich.

Die Zwangsvollstreckung aus diesen Vollstreckungstiteln ist eine endgültige, nicht nur eine vorläufige. Es wäre überflüssig und zwecklos, bei diesen Entscheidungen die vorläufige Vollstreckbarkeit zuzulassen, man könnte sich auch kaum vorstellen, welchen Sinn ein dahingehender Ausspruch haben sollte. In der CPO. findet sich keine Bestimmung, die imstande wäre, die der Vernunft widerstreitende Annahme zu rechtfertigen, daß auch rechtskräftige Entscheidungen für vorläufig vollstreckbar erklärt werden könnten, wohl aber deutet die Vorschrift des § 704 Abs. 1 CPO., die rechtskräftige und für vorläufig vollstreckbar erklärte Urteile durch das alternative „oder“ einander gegenüberstellt, auf eine gegenteilige Auffassung des Gesetzes hin. Vorläufige Vollstreckbarkeit und Rechtskraft schließen einander begriffsmäßig aus.

Bezüglich der unter 4. erwähnten Entscheidungen, gegen die das Rechtsmittel der Beschwerde zulässig ist, gilt folgendes. Die Beschwerde hat im allgemeinen keine aufschiebende Wirkung. Wird demnach auf Grund einer durch Beschwerde anfechtbaren Entscheidung vollstreckt, was an sich sofort nach Zustellung der betreffenden Entscheidung geschehen kann, so liegt, falls die Zwangsvollstreckung vor endgültiger Abweisung der etwa eingelegten Beschwerde stattfindet, allerdings ähnlich wie bei der vorläufigen Vollstreckbarkeit eine Abweichung von der Regel vor, wonach Rechtskraft oder Unanfechtbarkeit des Titels Voraussetzung für die Zulässigkeit der Zwangsvollstreckung ist. Dennoch handelt es sich nicht um einen Fall vorläufiger Vollstreckbarkeit; die für diese geltenden Vorschriften finden keine Anwendung. Sollte eine Rückgängigmachung der Vollstreckungswirkungen notwendig werden, so greifen andere Bestimmungen ein. Die Zwangsvollstreckung folgt in den bezeichneten Fällen grundsätzlich den gewöhnlichen Regeln; prinzipiell ist sie eine definitive.

Aufschiebende Wirkung hat die Beschwerde nur in den im § 572 CPO. erwähnten Fällen, in denen sie sich gegen die in den §§ 109, 380, 390, 409, 619, 656, 678 CPO. bezeichneten Entscheidungen richtet. Da jedoch weder in den zuletzt angeführten Paragraphen der CPO. noch sonst irgendwie ersichtlich ist, daß die Entscheidungen, gegen welche das Rechtsmittel der Beschwerde zulässig ist und aufschiebende Wirkung hat, für vorläufig vollstreckbar erklärt werden können, so hat man anzunehmen, daß aus ihnen die Zwangsvollstreckung erst betrieben werden kann, wenn sie unanfechtbar geworden sind. Die einzelnen Fälle, deren nähere Betrachtung übrigens die innere Berechtigung jener Annahme klar erkennen ließe, können hier unerörtert bleiben.

Ebensowenig wie bei den durch Beschwerde anfechtbaren Entscheidungen kommt eine vorläufige Vollstreckbarkeit bei den unter 7. genannten Arrestbefehlen, gegen welche der die Vollziehung nicht hemmende Widerspruch (§ 924 CPO.) stattfindet, und bei den einstweiligen Verfügungen in Frage.

Auch bei diesen Vollstreckungstiteln hat man es mit einer den allgemeinen Regeln unterliegenden Zwangsvollstreckung zu tun. Eine besondere Vorschrift enthält der § 945 CPO. Die Bestimmungen über die vorläufige Vollstreckbarkeit leiden, da das Gesetz keine Handhabe dafür bietet, auch sonstige Gründe nicht dafür sprechen, keine Anwendung.

Von den angeführten Vollstreckungstiteln der CPO. bleiben sonach nur noch die unter 5. genannten Vollstreckungsbefehle und die unter 1. und 2. erwähnten Urteile übrig. Nur diese Vollstreckungstitel sind dessen fähig, für vorläufig vollstreckbar erklärt zu werden.

Auf den Zahlungsbefehl im Mahnverfahren folgt unter gewissen Voraussetzungen der Vollstreckungsbefehl.

Wie im § 699 vom vorläufig vollstreckbaren Zahlungsbefehl spricht die CPO. im § 704 vom vorläufig vollstreckbaren Urteil. Es wird ausdrücklich neben dem rechtskräftigen Urteil als Vollstreckungstitel genannt. Die vorläufige Vollstreckbarkeit des Zahlungsbefehls ist wohl nur als Konsequenz der im § 700 CPO. zutage tretenden Auffassung des Gesetzes vom Vollstreckungsbefehl, der einem für vorläufig vollstreckbar erklärten auf Versäumnis erlassenen Endurteile gleichsteht, zu denken. Aus früheren Ausführungen[1] ergibt sich, daß nur noch nicht rechtskräftige Urteile dessen fähig sind, für vorläufig vollstreckbar erklärt zu werden.[2]

Die Ausnahmestellung des vorläufig vollstreckbaren Urteils bringt es mit sich, daß nicht alle, sondern nur die Urteile für vorläufig vollstreckbar erklärt werden dürfen, bei denen kraft ausdrücklicher gesetzlicher Vorschrift dies zugelassen wird.

Nur Endurteile können, wie sich aus § 704 CPO. ergibt, für vorläufig vollstreckbar erklärt werden. Es sind jedoch die sogenannten Vorbehaltsurteile insoweit mit als Endurteile zu fassen, von denen das Gesetz ausdrücklich sagt, daß sie in betreff der Rechtsmittel und der Zwangsvollstreckung als Endurteile anzusehen seien, §§ 302, 540, 599 CPO. Diese Urteile sind keine Endurteile[3], denn durch sie wird nicht abschließend von dem Gericht über das bei ihm anhängige Verfahren entschieden; weder wird der Rechtsstreit beendigt, noch eigentlich die Instanz, sondern die Sache bleibt bei demselben Gericht noch anhängig. Nur ein Zwischenstreit ist zur Entscheidung reif. Daher sind die erwähnten Urteile in Wahrheit Zwischenurteile.[3] Da sie jedoch hinsichtlich der Zwangsvollstreckung als Endurteile anzusehen sind, kann man auch die erwähnten Vorbehaltsurteile für vorläufig vollstreckbar erklären, denn die vorläufige Vollstreckbarkeit ist lediglich für die Zwangsvollstreckung von Bedeutung.

Nur noch nicht rechtskräftige Endurteile können vorläufig vollstreckbar sein, aber auch solche Urteile nur, wenn sie

---

[1] Vgl. S. 7 dieser Abhandlung.

[2] A. M.: LG. Leipzig, Civilkammer III cf. Wenglers Archiv 1880, S. 118 bis 120. Richtig: LG. Zwickau, Civilkammer II ebenda S. 338. Vgl. auch Forkel, Vorläufige Vollstreckbarkeit S. 2 und die dort Erwähnten.

[3] §§ 300, 303 CPO. Forkel, Vorläufige Vollstreckbarkeit S. 2; Wach, Vorträge S. 107 ff.; Planck, Lehrbuch I S. 452.

ausdrücklich für vorläufig vollstreckbar erklärt worden sind. Der § 704 CPO. spricht von Urteilen, die für vorläufig vollstreckbar erklärt, nicht schlechthin von solchen, die vorläufig vollstreckbar seien. Daraus folgt, daß ein Urteil nur dann die Eigenschaft der vorläufigen Vollstreckbarkeit besitzt, wenn es ausdrücklich dafür erklärt ist. Ob dies der Fall ist, ergibt sich aus dem Wortlaut des Urteils selbst.

§ 3.

Besonderheiten bei ausländischen Urteilen und Schiedssprüchen.

Gleichgültig ist, was für ein Gericht und welche Instanz das Urteil erläßt. Alle ordentlichen deutschen Gerichte können grundsätzlich ihre Urteile für vorläufig vollstreckbar erklären. Besonderes gilt bezüglich der vorläufigen Vollstreckbarkeit eines ausländischen Urteils. Aus einem solchen findet die Zwangsvollstreckung nur statt, wenn ihre Zulässigkeit durch ein Vollstreckungsurteil eines inländischen Gerichts ausgesprochen ist (§ 722 CPO.). Gemäß § 723 CPO. ist aber das Vollstreckungsurteil erst zu erlassen, wenn das Urteil des ausländischen Gerichts nach dem für dieses Gericht geltenden Rechte die Rechtskraft erlangt hat. Es kann demnach auf Grund von ausländischen noch nicht rechtskräftigen Urteilen eine Zwangsvollstreckung unter der Herrschaft der deutschen Gesetze nicht stattfinden, und es darf daher ein solches Urteil auch nicht für vorläufig vollstreckbar erklärt werden. Hiermit ist aber nicht gesagt, daß nicht das vom inländischen Gericht erlassene Vollstreckungsurteil für vorläufig vollstreckbar erklärt werden könnte; dies ist sehr wohl möglich, und die Entscheidung darüber bestimmt sich nach inländischem Recht.

Für den Fall, in welchem ein Vollstreckungsurteil erlassen wird, damit aus einem Schiedsspruch eine Zwangsvollstreckung ermöglicht werde, gilt ähnliches. Auch hier kann das Vollstreckungsurteil für vorläufig vollstreckbar erklärt werden. Der Schiedsspruch selbst ist nie für vorläufig vollstreckbar zu erklären, wirkt er doch wie ein rechtskräftiges Urteil (§ 1040 CPO).

II. Gestaltung der Zwangsvollstreckung auf Grund eines für vorläufig vollstreckbar erklärten Urteils.

a) Allgemeines.

§ 4.

Die Zwangsvollstreckung auf Grund eines vorläufig vollstreckbaren Urteils stimmt im wesentlichen mit der aus einem rechtskräftigen Urteil überein.

Das Gesetz sagt in Beziehung auf rechtskräftige und vorläufig vollstreckbare Urteile im § 704 gleichmäßig, daß „die Zwangsvollstreckung“ aus ihnen stattfinde. Das Gesetz scheint sonach nur eine Zwangsvollstreckung zu kennen; im wesentlichen trifft dies auch zu.

Es kann nicht die Aufgabe dieser Abhandlung sein, das Zwangsvollstreckungsverfahren in der deutschen Civilprozeßordnung auch nur in seinen Grundzügen darzustellen. Immerhin mag gesagt werden: Der Zweck der Zwangsvollstreckung der CPO., der Anwendung staatlichen Zwanges zufolge des an den Staat gerichteten Rechtsschutzbegehrens auf Grund des Vollstreckungstitels in der Hand des Gläubigers, der durch ihn dem Staate die Berechtigung seines Vollstreckungsanspruchs nachweist, — der Zweck dieser Zwangsvollstreckung ist immer Befriedigung des Gläubigers, Herstellung des Zustandes, auf den der Vollstreckungstitel als den dem Recht entsprechenden verweist. Nicht etwa bloße Sicherung des Gläubigers wird bezweckt, sondern er soll tatsächlich, nötigenfalls mit Gewalt befriedigt werden.[1]

Auch bei der Zwangsvollstreckung auf Grund eines für vorläufig vollstreckbar erklärten Urteils wird der bezeichnete Zweck der Zwangsvollstreckung im allgemeinen erreicht, auch hier erhält der Gläubiger eine vollstreckbare Ausfertigung und kann nunmehr die Pfändung und die sonst in Frage kommenden Vollstreckungsmaßregeln sofort bewirken. Er erwirbt materielles

---

[1] Falkmann, Zwangsvollstreckung; Planck, Lehrbuch II S. 604.

Pfandrecht gemäß § 804 CPO., er kann die gepfändeten Gegenstände versteigern lassen, wird Eigentümer des an den Gerichtsvollzieher gezahlten Geldes, ja er kann sogar den Schuldner verhaften lassen im Falle der §§ 888—890 CPO.

§ 5.

Vorschriften, die eine Abschwächung der Zwangsvollstreckung aus einem vorläufig vollstreckbaren Urteil gegenüber der aus einem rechtskräftigen Urteile bedingen.

I. Scheint es auch zunächst als wenn die Zwangsvollstreckung aus vorläufig vollstreckbaren von der aus rechtskräftigen Urteilen nicht abweiche, so finden sich doch im Gesetze Bestimmungen, die Verschiedenheiten von der gewöhnlichen Zwangsvollstreckung bedingen, wenn man es mit einem nur vorläufig vollstreckbaren Urteile zu tun hat. Der innere Grund dieser Erscheinung liegt darin, daß das vorläufig vollstreckbare Urteil nicht unanfechtbar ist, sondern mit ordentlichen Rechtsmitteln angegriffen, in der höheren Instanz, oder, soweit Versäumnisurteile in Frage kommen, nach eingelegtem Einspruch, in derselben Instanz wieder aufgehoben werden kann. Es gibt nun Fälle, in denen die Erwägung, daß das für vorläufig vollstreckbar erklärte Urteil möglicherweise ungerecht ist, es bedenklich erscheinen läßt, aus einem solchen Urteil die Zwangsvollstreckung in vollem Umfange zu gewähren, in denen man aber die vorläufige Vollstreckbarkeit doch nicht ausschließen möchte.

Mit Rücksicht hierauf sind in der CPO. Vorschriften enthalten, die dem Gläubiger es ermöglichen, die vorläufige Vollstreckbarkeit zu erlangen, die aber auch den gefährdeten Schuldner zu schützen suchen durch Abschwächung der an die vorläufige Vollstreckbarkeit geknüpften Wirkungen.

Die Vorschriften der §§ 732, 766 ff. CPO., die noch in dem vom Prozeß völlig losgelösten Stadium des Zwangsvollstreckungsverfahrens geeignet sind, den Schuldner vor ungerechter Heimsuchung mit Zwangsvollstreckung zu schützen, reichen nicht völlig aus. Mit besonderer Rücksicht auf die aus vorläufig vollstreckbaren Urteilen betriebene Zwangsvollstreckung hat daher die CPO. noch die Vorschriften der §§ 719, 720 und des § 895 erlassen. Diese Bestimmungen und der § 900 CPO., letzterer mit Rücksicht auf die Rechtslage vor der Novelle, sollen im folgenden besprochen werden.

II. Der § 719 der CPO. Die Tatsache, daß gegen ein für vorläufig vollstreckbar erklärtes Urteil der Einspruch oder ein Rechtsmittel eingelegt ist, genügt zur Hemmung der aus dem angegriffenen Urteil möglichen Zwangsvollstreckung nicht, sie hat auf das Verfahren an sich gar keinen Einfluß. Allein es erscheint bedenklich, diese Tatsache gänzlich unberücksichtigt zu lassen. Der § 719 bestimmt daher, daß die Vorschriften, die im § 707 CPO. für den Fall gegeben sind, daß gegen eine rechtskräftige Entscheidung die Wiedereinsetzung in den vorigen Stand oder die Wiederaufnahme des Verfahrens beantragt wird, entsprechend anzuwenden seien, wenn gegen ein für vorläufig vollstreckbar erklärtes Urteil der Einspruch oder ein Rechtsmittel eingelegt ist.

Danach kann das Vollstreckungsgericht unter den bezeichneten Voraussetzungen auf Antrag der durch die Zwangsvollstreckung gefährdeten Partei anordnen, daß die Zwangsvollstreckung einstweilen eingestellt werde. Die Einstellung darf ohne Sicherheitsleistung erfolgen, wenn dem Gericht glaubhaft gemacht wird (§ 294 CPO.), daß die Vollstreckung einen nicht zu ersetzenden Nachteil bringen werde, im übrigen nur gegen Sicherheitsleistung.

Das Gericht ist weiter befugt, anzuordnen, daß die Zwangsvollstreckung nur gegen Sicherheitsleistung seitens des Vollstreckungssuchers stattfinde, ja sogar, daß die erfolgten Vollstreckungsmaßregeln gegen Sicherheitsleistung seitens des Betroffenen aufzuheben seien.

Alle diese Anordnungen können ohne mündliche Verhandlung auf einfachen schriftlichen Antrag hin durch unanfechtbaren Beschluß von dem Gerichte erlassen werden. Nie ist das Gericht verpflichtet, immer nur befugt, die im § 719 bezeichneten Maßregeln zu treffen; darin liegt eine wesentliche Abschwächung dieser im übrigen dem Wesen der vorläufigen Vollstreckbarkeit widerstreitenden Bestimmungen.

III. Der § 720 CPO. Die Bestimmung des § 719 CPO. ist zwar für die Zwangsvollstreckung aus einem vorläufig vollstreckbaren Urteil besonders geschaffen, aber sie läßt das Wesen der Zwangsvollstreckung, die auf Befriedigung des Gläubigers gerichtet ist, unberührt. Die Zwangsvollstreckung kann wohl aufgehalten werden, aber an ihrer Wirkung, wenn sie einmal erfolgt ist, wird durch die Anordnungen des § 719 an sich nichts geändert. Der § 720 aber ist geeignet, die Wirkung einer auf Grund vorläufig vollstreckbaren Urteils erfolgten Zwangsvollstreckung gegenüber der aus einem rechtskräftigen als wesentlich abgeschwächt erscheinen zu lassen. Hat der Schuldner beantragt, ihm nachzulassen, durch Sicherheitsleistung oder durch Hinterlegung die Vollstreckung abzuwenden gemäß § 713 Abs. 2 CPO., und hat das Gericht diesem Antrage stattgegeben, was es tun muß, wenn nicht der Gläubiger sich erbietet, vor der Vollstreckung Sicherheit zu leisten, so kann der Gläubiger vor Eintritt der Rechtskraft nicht zur Befriedigung gelangen. Hinterlegt der Schuldner den Gegenstand der Verurteilung nicht oder leistet er nicht genügende Sicherheit, so kommt es zwar auf Betreiben des Gläubigers trotz der Bestimmung des § 713 Abs. 2 zur Zwangsvollstreckung auch vor Eintritt der Rechtskraft des Urteils, aber die Zwangsvollstreckung hat eine andere Wirkung als gewöhnlich. Gepfändetes Geld oder der Erlös gepfändeter Gegenstände ist nach ausdrücklicher Vorschrift des § 720 zu hinterlegen. Der pfändende Gerichtsvollzieher hat demnach das Erlangte dem Gläubiger nicht auszuhändigen, sondern die Hinterlegung von Amts wegen zu bewirken (§§ 108 ff. CPO.). Die Wegnahme des Geldes durch den Gerichtsvollzieher ist in diesem Falle für den Schuldner nicht gleichbedeutend mit Zahlung (§ 815 Abs. 3 CPO), und ebenso steht es mit dem Erlöse im Falle der Versteigerung (§ 819 CPO. vergl. auch § 817 Abs. 4).[1] Nur Pfandgläubiger wird der Gläubiger, nicht Eigentümer des gepfändeten Geldes und des Erlöses aus den Pfändern. Gepfändete Forderungen werden dem Gläubiger nicht an Zahlungsstatt, sondern nur zur Einziehung überwiesen. Die Wirkung ist Hinterlegung des Schuldbetrags durch den Drittschuldner (§ 839 CPO.). Die Stellung des Gläubigers der Hinter-

---

[1] Die gleiche Erscheinung aus verwandtem Grunde zeigt sich bei der Pfändung im Arrestverfahren; vgl. § 930 Abs. 2 CPO.

legungsstelle gegenüber ist wiederum nur die des Pfandgläubigers, nicht die des Eigentümers.[1]

Die Zwangsvollstreckung auf Grund vorläufig vollstreckbaren Urteils führt hier nur zur Sicherstellung, nicht zur Befriedigung des Gläubigers.

IV. Der § 895 CPO. Der § 895 ist in der Novelle erst in seiner jetzigen Fassung und an der jetzigen Stelle ins Gesetz gelangt. Er ist bestimmt, den früheren § 658 zu ersetzen, welcher lautete: „Ist auf Bewirkung einer Eintragung im Grund- oder Hypothekenbuche erkannt, so darf das für vorläufig vollstreckbar erklärte Urteil nur in der Weise vollzogen werden, daß die Eintragung in der zur Sicherstellung eines Anspruchs auf Eintragung vorgeschriebenen Form (Vormerkung, Protestation, arrestatorische Verfügung, Dispositionsbeschränkung u. s. w.) erfolgt.“ Die frühere Bestimmung dankt ihre Entstehung einem gelegentlich der ersten Kommissionslesung der CPO. vom Abgeordneten Dr. Bähr eingebrachten Antrage.[2] Der Antragsteller begründete seinen Antrag besonders damit, daß er sagte, es könne ein „irreparabler Schaden“ entstehen, wenn man auf Grund eines für vorläufig vollstreckbar erklärten, aber doch noch nicht rechtskräftigen Urteils im Wege der Zwangsvollstreckung eine Eintragung in das Grund- oder Hypothekenbuch vornehmen ließe. Das betreffende eingetragene Recht werde nunmehr an gutgläubige Dritte mit der Wirkung übertragen werden können, daß sie es in unanfechtbarer Weise erwürben, so daß es dem zunächst Verurteilten, der später ein endgültig siegreiches Urteil erwirke, unter Umständen unmöglich sei, jemals wieder zu dem auf Grund jenes ersten Urteils übertragenen Rechte zu gelangen. Darin liege eine große Gefahr, man müsse daher die Wirkungen der vorläufigen Vollstreckbarkeit in der Weise abschwächen, wie dies in seinem Antrage vorgesehen sei.

Daß durch die Vorschrift, die dann wirklich in das Gesetz gelangte, das Wesen der vorläufigen Vollstreckbarkeit alteriert

---

[1] Vgl. Forkel, Vorläufige Vollstreckbarkeit S. 26, 27; RG. XII S. 224ff.; XXV S. 376ff. und die dort Angeführten.

[2] Vgl. Hahn S. 790ff.

wird, wurde bereits in der Kommission von dem Geheimen Justizrat Kurlbaum ausgesprochen. Wiewohl man aber im allgemeinen willens war, aus vorläufig vollstreckbaren Urteilen die Zwangsvollstreckung unbeschränkt zuzulassen, glaubte man schließlich doch, wenn es sich um grundbücherliche Eintragungen handelt, Zurückhaltung beobachten zu müssen. Die Novelle hat sachlich nicht viel Wesentliches geändert. Statt des früher vorhandenen Verbotes einer Eintragung außer in der für die Sicherstellung eines Anspruchs vorgeschriebenen Form findet sich die Bestimmung, daß die Eintragung einer Vormerkung oder eines Widerspruchs als bewilligt gelte, wenn der Schuldner durch ein vorläufig vollstreckbares Urteil zur Abgabe einer Willenserklärung verurteilt sei, auf Grund deren eine Eintragung in das Grundbuch oder das Schiffsregister erfolgen solle. Neu ist die Ausdehnung der Bestimmung auf Fälle, in denen es sich um Eintragungen ins Schiffsregister handelt; im übrigen hängt die Änderung mit der neuen Regelung des Grundbuchwesens anläßlich der Einführung des Bürgerlichen Gesetzbuchs zusammen.

Über Vormerkung und Widerspruch sind BGB. §§ 883ff. und 894ff. zu vergleichen.

Die Entstehungsgeschichte des § 895 CPO. zeigt, daß grundsätzlich die Zwangsvollstreckung aus vorläufig vollstreckbaren Urteilen von der aus rechtskräftigen nicht abweicht. Bemerkenswert ist aber bei dieser gesetzlichen Bestimmung wie im Falle des § 720 CPO., daß keine Befriedigung, vielmehr nur Sicherstellung des Gläubigers auf Grund des vorläufig vollstreckbaren Urteils erreicht wird, und daß erst die Rechtskraft des Urteils abgewartet werden muß, damit ein endgültiger Eintrag erfolge.[1]

V. Der § 781 CPO. alter Fassung und die Neuregelung in § 900 CPO.

Nicht mehr geltendes Recht ist eine Bestimmung, die im § 781 CPO. alter Fassung enthalten war und ebenfalls der Zwangsvollstreckung auf Grund vorläufig vollstreckbarer Urteile gewisse Schranken zog. Wenngleich die Bestimmung jetzt fort-

[1] Vgl. Hahn S. 790ff.; Struckmann-Koch, Kommentar zu § 895, ebenso Gaupp-Stein, Kommentar zu §§ 894 u. 895 u. a. m.

gefallen und eine neue Regelung durch den § 900 CPO. herbeigeführt ist, mag der alte § 781 dennoch hier Erwähnung finden.

Dieser Paragraph bestimmt, daß in dem obligatorisch mündlichen Offenbarungseidsverfahren über den Widerspruch des Schuldners durch berufungsfähiges Endurteil zu entscheiden sei. Erst nach Eintritt der Rechtskraft dieses Urteils konnte die Leistung des Offenbarungseides erzwungen, insbesondere die Haft gegen den Schuldner angeordnet werden.[1]

Durch die Novelle ist im Offenbarungseidsverfahren fakultative mündliche Verhandlung eingeführt worden. Schriftliche Stellung des Antrages auf Abnahme des Offenbarungseides genügt.

Über den Widerspruch des Schuldners wird durch Beschluß entschieden, der nach § 793 CPO. mit sofortiger Beschwerde anfechtbar ist. Die Eidesleistung erfolgt auch nach den neuen Bestimmungen erst nach Rechtskraft des Beschlusses, wenn nicht etwa schon ein früherer Widerspruch des Schuldners rechtskräftig verworfen ist. In diesem Falle, der sehr wohl denkbar ist, da der Schuldner unter Angabe neuer Gründe wiederholt Widerspruch erheben kann, darf das Gericht bereits vor Eintritt der Rechtskraft des neuerlichen den Widerspruch des Schuldners verwerfenden Beschlusses die Eidesleistung anordnen.

Es ist demnach auch bei der Neuregelung des Offenbarungseidsverfahrens, wenn über einen Widerspruch des Schuldners entschieden werden muß, die Voraussetzung der Zwangsvollstreckung das Vorhandensein einer rechtskräftigen Entscheidung, ein bloß vorläufig vollstreckbarer Titel genügt nicht.

§ 6.

Eintritt der Rechtskraft eines für vorläufig vollstreckbar erklärten Urteils.

In den Fällen, wo nur Sicherstellung, keine Befriedigung im Wege der Zwangsvollstreckung auf Grund vorläufig vollstreckbarer Urteile erreicht werden kann, ist der Eintritt der Rechts-

[1] Vgl. CPO. alter Fassung § 781. Begründung zur Novelle der CPO. Hahn S. 170; die Kommentare zur CPO., insbesondere Gaupp-Stein zu § 900; Struckmann-Koch zu § 900; Forkel, Vorläufige Vollstreckbarkeit S. 26.

kraft des Urteils, aus dem vollstreckt werden soll, von besonderer Wirkung.

War gemäß § 720 CPO. gepfändetes Geld oder der Erlös gepfändeter Gegenstände für den Gläubiger hinterlegt worden, so kann dieser jetzt Zahlung von der Hinterlegungsstelle verlangen und wird durch die Zahlung Eigentümer des Geldes, während der Schuldner von seiner Verbindlichkeit befreit wird.

Eine grundbücherliche oder eine Eintragung ins Schiffsregister, die auf Grund eines vorläufig vollstreckbaren Urteils nur durch Vormerkung oder Widerspruch gesichert werden konnte, darf nach eingetretener Rechtskraft endgültig erfolgen.

Wichtig ist der Eintritt der Rechtskraft bei vorläufig vollstreckbaren Urteilen auch für den Fall, daß der Gläubiger, um die vorläufige Vollstreckbarkeit zu erlangen, gemäß § 710 oder § 713 CPO. Sicherheit geleistet hatte. Das Gericht kann nunmehr nach § 715 CPO. auf Antrag des Gläubigers die Rückgabe der von diesem geleisteten Sicherheit anordnen, wenn ein Zeugnis über die Rechtskraft des für vorläufig vollstreckbar erklärten Urteils vorgelegt wird. Die vorläufige Vollstreckbarkeit eines Urteils verliert ihre Bedeutung, wenn dieses entweder unangefochten oder durch ein weiteres bestätigendes Urteil rechtskräftig wird. Das Urteil kommt hinfort nur noch als rechtskräftig in Frage, und die Rechtskraftswirkungen nehmen die der vorläufigen Vollstreckbarkeit in sich auf.

b) Aufhebung oder Abänderung eines für vorläufig vollstreckbar erklärten Urteils, insbesondere der § 717 CPO.

§ 7.

Einleitendes.

Während, wie bei Erörterung der Bestimmung in § 719 CPO. ausgeführt ist, die Einlegung des Einspruchs oder eines Rechtsmittels gegen ein vorläufig vollstreckbares Urteil die Vollstreckung in keiner Weise hemmt, vielmehr nur das Gericht ermächtigt, durch bestimmte Maßregeln den Gang der Vollstreckung aufzuhalten, liegen die Dinge ganz anders, sobald ein

Urteil ergeht, welches das erste vorläufig vollstreckbare Urteil in einem gewissen Umfange aufhebt oder abändert. In dem Augenblick, in welchem das neue Urteil verkündet wird, steht für das mit der Sache befaßte Gericht fest, daß die erste Entscheidung unrichtig war und beseitigt oder abgeändert werden muß. Insoweit sich das alte Urteil mit dem neuen nicht verträgt, muß das erste verschwinden, und zwar so, als ob es nie dagewesen wäre. Es kommt also darauf an, die Wirkungen des ersten Urteils, insoweit sie nicht gerechtfertigt erscheinen, wieder rückgängig zu machen. Weiter aber würde es jeder gesunden Rechtsauffassung widersprechen, wenn es möglich wäre, nach Verkündung des abändernden oder aufhebenden Urteils noch Vollstreckungshandlungen auf Grund des ersten Urteils vorzunehmen, die mit dem neuen Urteil nicht in Einklang zu bringen sind. Hier greift der § 717 CPO. ein.

§ 8.

Auslegung des § 717 Abs. 1 CPO. im allgemeinen.

§ 717 Abs. 1 bestimmt:

„Die vorläufige Vollstreckbarkeit tritt mit der Verkündung eines Urteils, welches die Entscheidung in der Hauptsache oder die Vollstreckbarkeitserklärung aufhebt oder abändert, insoweit außer Kraft, als die Aufhebung oder Abänderung erfolgt."

Für Urteile, die sofort mit ihrer Verkündung rechtskräftig sind, würde diese Vorschrift überflüssig sein; das Außerkrafttreten der aufgehobenen oder abgeänderten Entscheidung ist in diesen Fällen schon Folge der Rechtskraft des abändernden Urteils. Wichtig und notwendig erscheint aber die Bestimmung des § 717 Abs. 1 für solche Urteile, gegen die noch Rechtsmittel oder der Einspruch zulässig sind.

Schon mit der Verkündung dieser Urteile äußert sich ihre Wirkung in bezug auf ein vorangegangenes Urteil abweichender Art, nicht etwa erst mit Eintritt ihrer Rechtskraft, also in einem Zeitpunkt, wo noch durchaus nicht feststeht, ob nicht das aufhebende Urteil wiederum aufgehoben wird.[1]

---

[1] Über den Grund vgl. Mot. Hahn S. 399.

Die Wirkung besteht darin, daß die vorläufige Vollstreckbarkeit des abgeänderten oder aufgehobenen Urteils außer Kraft tritt, insoweit die Aufhebung oder Abänderung erfolgt. Vom Zeitpunkt der Verkündung des abändernden oder aufhebenden Urteils an dürfen Vollstreckungsmaßregeln auf Grund der alten, durch das neue Urteil nicht bestätigten Entscheidung nicht mehr vorgenommen werden. Der Gläubiger darf die Vollstreckung nicht mehr betreiben, auch das Gericht oder der Gerichtsvollzieher muß die Vornahme weiterer Vollstreckungsmaßregeln verweigern, wenn ihm die Aufhebung oder Abänderung des Urteils, auf Grund dessen die Vollstreckung begehrt wird, bekannt geworden ist. Daß der Gläubiger auch für etwaigen Schaden haftet, wenn er nach der Verkündung noch vollstrecken läßt, kann nach dem noch genauer zu besprechenden Abs. 2 des § 717 einem Zweifel nicht unterliegen.[1]

Damit der Schuldner bei der bezeichneten Sachlage vor ungerechtfertigter Fortsetzung oder neuerlicher Heimsuchung mit der Zwangsvollstreckung geschützt werde, gibt das Gesetz ihm in den §§ 775 Nr. 1 und 776 ein Mittel zu seiner Sicherung.

Nach § 775 Nr. 1 CPO. ist die Zwangsvollstreckung einzustellen oder zu beschränken, wenn die Ausfertigung einer vollstreckbaren Entscheidung vorgelegt wird, aus der sich ergibt, daß das zu vollstreckende Urteil oder dessen vorläufige Vollstreckbarkeit aufgehoben, oder daß die Zwangsvollstreckung für unzulässig erklärt oder deren Einstellung angeordnet ist. —

Der § 776 besagt, daß bei Vorlegung einer Ausfertigung einer vollstreckbaren Entscheidung, wie sie im § 775 erwähnt wird, zugleich die bereits erfolgten Vollstreckungsmaßregeln aufzuheben seien.

Unter der vollstreckbaren Entscheidung des § 775 Nr. 1 CPO. sind rechtskräftige oder vorläufig vollstreckbare Urteile zu verstehen.

Durch Vorlegung einer einfachen Ausfertigung eines der-

---

[1] Treffend und klar wird dies in einer Entscheidung des OLG. Hamburg, Seufferts Archiv Bd. 55 Nr. 182, ausgeführt.

artigen Urteils kann sich demnach der Schuldner vor weiterer Vollstreckung sichern.

Aber nur insoweit tritt die vorläufige Vollstreckbarkeit außer Kraft, als die Aufhebung oder Abänderung des ersten Urteils erfolgt. Die vorläufige Vollstreckbarkeit besteht daher fort, insoweit das neue Urteil sie für zulässig erklärt. Ist im ersten Urteil die vorläufige Vollstreckbarkeit unbedingt, im zweiten aber nur unter Einschränkungen, z. B. gegen Sicherheitsleistung des Gläubigers, zugelassen, so findet sie nur nach Maßgabe des zweiten Urteils statt. Ist im ersten Urteile der Gegenstand der Verurteilung größer als im zweiten, so kann nur hinsichtlich des im zweiten Urteile zuerkannten Betrages die vorläufige Vollstreckbarkeit weiter bestehen. Ist die erste Entscheidung in vollem Umfange, die abändernde aber nur bezüglich eines Teiles des Anspruchs für vorläufig vollstreckbar erklärt, so bleibt die vorläufige Vollstreckbarkeit nur hinsichtlich des Teiles in Kraft.

In allen Fällen ist das zweite Urteil maßgebend dafür, inwieweit die vorläufige Vollstreckbarkeit des ersten fortbestehen kann.

Voraussetzung für die Anwendbarkeit der Bestimmung des § 717 Abs. 1 CPO. ist, daß ein Urteil ergeht, das die Entscheidung eines vorangegangenen vorläufig vollstreckbaren Urteils in der Hauptsache oder die Vollstreckbarkeitserklärung aufhebt oder abändert.

Unter Hauptsache hat man nicht nur den eigentlichen Hauptanspruch im Gegensatz zu Zinsen, Kosten und sonstigen Nebenforderungen zu verstehen, sondern den ganzen Inhalt der Entscheidung mit Ausnahme des Teiles, der sich über die vorläufige Vollstreckbarkeit ausspricht.[1] Schon eine Abänderung der ersten Entscheidung hinsichtlich irgend welcher Nebenforderungen ist ausreichend, um den § 717 Abs. 1 anwendbar erscheinen zu lassen. Die Bestimmung des § 99 CPO. steht hier nicht entgegen, denn abgesehen von der im Abs. 2 dieses Paragraphen

---

[1] Vgl. die Kommentare, insbesondere Gaupp-Stein, Struckmann-Koch, Seuffert; Petersen-Anger zu § 717.

enthaltenen Vorschrift kommt in Betracht, daß das aufhebende oder abändernde Urteil nicht unbedingt von einer höheren Instanz erlassen werden muß, sondern auch in derselben Instanz ergehen kann, welche die frühere Entscheidung gefällt hat[1]; es kommen dabei insbesondere Versäumnisurteile in Frage.

Eine Aufhebung oder Abänderung der vorläufigen Vollstreckbarkeitserklärung liegt schon dann vor, wenn das zweite Urteil die in der ersten Entscheidung unbedingt ausgesprochene vorläufige Vollstreckbarkeit von einer Bedingung abhängig macht.

§ 9.

Kontroversen über den Begriff eines aufhebenden oder abändernden Urteils im Sinne von § 717 Abs. 1 CPO.

I. Bei Auslegung des Abs. 1 des § 717 CPO. sind Meinungsverschiedenheiten über die Frage entstanden, wann man sagen könne, ein Urteil hebe ein anderes in der Hauptsache oder die Vollstreckbarkeitserklärung auf, oder ändere es ab.

Es kommen hier besondere Fälle vor, in denen die Entscheidung der Frage allerdings Schwierigkeiten bereitet.

Man denke an folgende Möglichkeiten:

1. In der höheren Instanz ergeht ein bedingtes Endurteil, das die Verurteilung des Beklagten oder die Abweisung der Klage von der Leistung oder Nichtleistung eines Parteieides abhängig macht, während in der ersten Instanz entweder ein unbedingt verurteilendes oder abweisendes, oder aber auch ein bedingtes Endurteil[2] vorlag, welches jedoch von dem in zweiter Instanz erlassenen abweicht (z. B. einer anderen Partei einen Eid auferlegt, oder einen anderen Eid enthält, oder aber andere Eidesfolgen ausspricht).

---

[1] Vgl. Forkel, Vorläufige Vollstreckbarkeit S. 28, und die Kommentare zur CPO. zu § 717.

[2] Der Fall, in welchem beide Instanzen bedingte Endurteile erlassen, gehört, streng genommen, nicht hierher, wenigstens wenn man sich, wie das in dieser Abhandlung geschieht, auf den Standpunkt stellt, daß ein bedingtes Endurteil nie für vorläufig vollstreckbar erklärt werden könne. Nach dieser Ansicht würde beiden Entscheidungen die vorläufige Voll-

2. Es ist zunächst ein Versäumnisurteil erlassen, und es ergeht später ein bedingtes Endurteil.

3. Es ist ein Vollstreckungsbefehl ergangen, gegen den Einspruch eingelegt wird. Hierauf ergeht ein die Zulässigkeit des Einspruchs bejahendes Zwischenurteil.

In allen drei Fällen ist die Beantwortung der Frage, ob das zuletzt ergehende Urteil als aufhebend oder abändernd im Sinne der Bestimmung des § 717 Abs. 1 anzusehen sei, nicht ohne Schwierigkeiten und bedarf einer eingehenden Erörterung.

II. Die Stellungnahme des Reichsgerichts. Der erste Fall hat das Reichsgericht besonders zweimal beschäftigt. Zunächst kommt ein Urteil des I. Civilsenats vom 30. April 1881 in Frage:[1]

Die erste Instanz hatte dem Beklagten durch bedingtes Endurteil zwei Eide auferlegt und bestimmt, daß im Falle der Eidesleistung die Klage abzuweisen und der Kläger auf die Widerklage zu verurteilen sei, im entgegengesetzten Falle aber der Beklagte verurteilt werden solle.

Auf Berufung des Klägers hatte nunmehr die zweite Instanz wiederum ein bedingtes Endurteil, aber folgenden Inhalts erlassen: Falls der Kläger einen ihm auferlegten, den Eiden in erster Instanz entgegengesetzten Eid schwören würde, so sollte der Beklagte verurteilt, andernfalls aber die Berufung als unbegründet zurückgewiesen werden.

Das Reichsgericht erklärte die Revision gegen die Entscheidung der Berufungsinstanz für begründet. Das Berufungs-

---

streckbarkeit fehlen, eine Anwendbarkeit des § 717 CPO. gar nicht in Frage kommen und die Kontroverse, insoweit in beiden Instanzen bedingte Endurteile ergehen, die Lehre von der vorläufigen Vollstreckbarkeit nicht berühren.

Wenn dennoch auch dieser Teil der Kontroverse mit behandelt worden ist, so geschah es, um die Darstellung der Entstehung und des Umfanges der ganzen hier zu erörternden Streitfragen zu vervollständigen. Von einer Entscheidung der dabei auftauchenden Frage, ob es überhaupt zulässig sei, über die Berufung als solche bedingt zu erkennen, ist gleichwohl Abstand genommen worden, da dies zu weit vom eigentlichen Gegenstand der Abhandlung abgeführt haben würde.

[1] Vgl. RG. IV S. 418ff.

urteil verstößt nach Ansicht des Reichsgerichts gegen die in den §§ 446 und 475 CPO. enthaltenen Bestimmungen, wonach eine Eideszuschiebung über eine Tatsache, deren Gegenteil das Gericht für erwiesen erachte, ebenso unzulässig sei, wie Auferlegung eines richterlichen Eides über eine derartige Tatsache. Bei Eidesverweigerung des Klägers in zweiter Instanz gelte das Gegenteil der zu beschwörenden Tatsache als voll erwiesen nach § 464 Abs. 2.

Weiter sprach sich das Reichsgericht dahin aus, es sei überhaupt unzulässig, daß ein Urteil die Entscheidung über die Berufung als solche noch erst von einem Eide abhängig mache. Das Berufungsgericht hätte nach Ansicht des Reichsgerichts vielmehr das erstinstanzliche Urteil unbedingt aufheben und dadurch aus der Welt schaffen müssen und dann in seinem Urteil Eidesleistung seitens des Klägers und Verurteilung des Beklagten, Eidesverweigerung des Klägers und Abweisung der Klage als Alternativen einander gegenüberstellen müssen. Eine Verletzung des Verbotes der reformatio in peius sei in einem derartigen Urteil nicht zu erblicken.

Zum zweiten Male hat sich das Reichsgericht mit der hier zu erörternden Frage ausführlich befaßt in einer Entscheidung, die sich im Bd. XII S. 358ff. der Entscheidungen des Reichsgerichts in Civilsachen findet:

Die erste Instanz hatte ein unbedingt verurteilendes Erkenntnis erlassen. Das Berufungsgericht erließ ein bedingtes Endurteil dergestalt, daß es von einem Parteieide abhängig sein sollte, ob die Klage abgewiesen und dadurch die Berufung für begründet erklärt oder ob die Berufung als unbegründet verworfen werden sollte. Hierüber äußert sich das Reichsgericht folgendermaßen: „Das Berufungsurteil stellt sich dar als ein bedingtes Urteil über die Berufung als solche, nicht als ein bedingtes Endurteil in der Sache selbst, während doch eine nur bedingte Entscheidung über ein Rechtsmittel der CPO. ebenso fremd ist, wie sie dem früheren Rechte unbekannt war. Das Berufungsgericht hätte von seinem Standpunkte aus vielmehr das Urteil erster Instanz, soweit dasselbe angefochten war, einfach aufheben und statt desselben ein bedingtes Urteil in der Sache selbst erlassen sollen."

Weiter führt das Reichsgericht noch etwa folgendes aus: Es entspreche nicht der Logik, daß zwei voneinander abweichende Urteile über denselben Gegenstand zeitweilig formell nebeneinander bestünden. Wenn man anführe, es könne nicht vom Gesetzgeber gewollt sein, daß nach Erlaß eines unbedingten vorläufig vollstreckbaren erstinstanzlichen Urteils die Tatsache, daß das Berufungsurteil die Verurteilung von der Leistung oder Nichtleistung eines Eides abhängig mache, schon genügend sein solle, um auf Grund von § 717 Abs. 2 CPO. die etwa erfolgte Vollstreckung rückgängig machen zu müssen, so sei gerade das ein Beweis dafür, wie verkehrt es sei, über die Berufung als solche bedingt zu erkennen. Eine vorläufige Vollstreckbarkeit einstweilen aufrecht zu erhalten, von der nach der Entscheidung des Berufungsgerichtes bereits feststehe, daß sie jedenfalls verfrüht verfügt worden sei, könne nicht der Sinn des Gesetzes sein. Das Reichsgericht beruft sich noch auf die Motive und den § 708 Nr. 5 CPO.

III. Die Ansicht Barkhausens. Gegen die in dieser Frage vom Reichsgericht eingenommene Stellung hatte sich, schon bevor die letzterwähnte Entscheidung erging, ein Bremer Richter Dr. Barkhausen in einem Artikel bei Gruchot XXVI S. 803 ff. ausgesprochen und war auf die von ihm gestellte Frage: Hat das Berufungsgericht bei Erlaß eines bedingten Endurteils das abweichende angefochtene Urteil der ersten Instanz unbedingt aufzuheben? — zu folgender Antwort gelangt: „Das Berufungsgericht hat bei Erlaß eines reformierenden bedingten Endurteils die Aufhebung oder Abänderung des erstinstanzlichen Urteils unbedingt auszusprechen, wenn dieses ein bedingtes ist, dagegen nur bedingt, wenn dieses ein unbedingtes ist.“

Dies beruht nach Barkhausen auf dem Prinzip, daß das Urteil der ersten Instanz aufzuheben sei, wenn in der zweiten Instanz ein Urteil erlassen werde, nach dessen Rechtskraft der Inhalt des erstinstanzlichen Urteils „nicht mehr zur Tracht kommen könne“.

Zur Unterstützung seiner Ansicht führt Barkhausen in dem erwähnten und in einem zweiten nach Erlaß des zweiten reichsgerichtlichen Urteils verfaßten Artikel (Gruchot XXVIII S. 720 ff.) etwa folgendes aus: Die Ansicht des Reichsgerichts, daß das erste Urteil aufzuheben sei, falls ein erstinstanzliches bedingtes Endurteil angefochten werde und in der Berufungsinstanz ein bedingtes Endurteil abweichenden Inhalts ergehe, da mit der Eidesweigerung der Partei auf das zweitinstanzliche Urteil das Gegenteil der zu beschwörenden Tatsache als voll bewiesen gelte, und ein neuer Eid über dieselbe Tatsache nach den §§ 446, 475 CPO. nicht mehr zulässig sein würde, sei völlig gerechtfertigt. Ganz anders liege der Fall jedoch, wenn das erstinstanzliche angefochtene Urteil ein unbedingtes sei. In diesem Falle würde eine Aufhebung des erstinstanzlichen Urteils in der Berufungsinstanz schon bei Erlaß eines bedingten Endurteils Folgen nach sich ziehen, welche vom Gesetzgeber unmöglich gewollt sein könnten. Der § 717 würde dann bei einem für vorläufig vollstreckbar erklärten Urteil dahin führen, daß schon jetzt das auf Grund jener Vollstreckung etwa Geleistete zurückgegeben und Schadensersatz geleistet werden müßte, während nach der Eidesleistung oder Eidesverweigerung unter Umständen das erstinstanzliche Urteil inhaltlich vollkommen bestätigt würde. Das sei ein unannehmbares Resultat. Wenn man einmal die Anomalie zulasse, daß ein nicht rechtskräftiges Urteil vollstreckt werden könne, so habe es keinen Sinn, die vorläufige Vollstreckbarkeit früher aufzuheben, als bis das höhere Gericht sich unbedingt dahin ausgesprochen habe, daß der Beklagte zu zahlen oder zu leisten nicht schuldig sei.

Im gemeinen Rechte habe es bedingte Erkenntnisse über ein Rechtsmittel als solches allerdings nicht gegeben. Das sei sehr erklärlich, da, falls in erster Instanz ein unbedingtes, in zweiter Instanz jedoch ein bedingtes Endurteil erging, die Tätigkeit des Berufungsgerichts mit Erlaß dieses Urteils ihr Ende erreicht und die erste Instanz nunmehr das Läuterungsurteil zu erlassen hatte. In der CPO. finde sich jedoch die Bestimmung, daß das Berufungsgericht ein von ihm erlassenes bedingtes Endurteil zu erledigen habe. Die zweite Instanz müsse also in einem solchen Falle noch ein unbedingtes Urteil erlassen, das möglicherweise mit dem angefochtenen Urteile materiell vollständig übereinstimme. Bei dieser Sachlage sei es zulässig, in dem bedingten Endurteil über die Berufung bedingt zu entscheiden und das erstinstanzliche Urteil erst dann aufzuheben, wenn es feststehe, daß das Berufungsgericht zu einem anderen Endresultat gelange als das der ersten Instanz. Man könne nicht annehmen, daß das Rechtsmittel dann einen Erfolg gehabt habe, wenn die Entscheidung der zweiten Instanz endgültig doch mit der der ersten übereinstimme; wenn aber eine Berufung als ohne Erfolg geblieben anzusehen sei, so werde auch eine Aufhebung des erstinstanzlichen Urteils nicht erforderlich sein. Würde man ferner annehmen, daß das Berufungsgericht auf den Eid, den es im Gegensatz zu dem Unterrichter für notwendig zur Herbeiführung der Entscheidung hält, durch Beweisbeschluß und nicht durch bedingtes Endurteil erkenne, und würde nunmehr dasselbe Resultat wie im ersten Urteil sich auch für die zweite Instanz als richtig ergeben, so würde keineswegs das erstinstanzliche Urteil aufgehoben werden. Auch in diesem Falle werde tatsächlich die Entscheidung der Frage, ob die Berufung begründet sei oder nicht, von einem über die Sache selbst zu leistenden Parteieide abhängig gemacht. Wenn man diese Entscheidung der Sache für zulässig halten müßte, warum — so folgert Barkhausen — sollte es unzulässig sein, es von einem Parteieide abhängig zu machen, ob die Berufung begründet sei oder nicht, falls das Berufungsgericht den Eid statt durch Beweisbeschluß durch bedingtes Endurteil auferlegt?

Barkhausen bemerkt weiter:

Seine Auffassung führe nicht dazu, daß zwei widersprechende Urteile über dieselbe Sache nebeneinander in Wirksamkeit seien. Nicht trete das bedingte Endurteil schon in Widerspruch mit dem erstinstanzlichen Urteil, es stelle einen solchen Widerspruch erst für den Fall eines bestimmten Ereignisses in Aussicht. Indem er die übrigen gegen ihn sprechenden Argumente des Reichsgerichts zu entkräften sucht, folgert Barkhausen endlich: Das Gegenteil der von ihm vertretenen Anschauung sei nicht nachweisbar, aus Gründen der Konsequenz aber und der Zweckmäßigkeit müsse man als vom Gesetzgeber gewollt annehmen, daß das erstinstanzliche unbedingte Urteil bis zum Erlaß eines zweitinstanzlichen unbedingten Endurteils wirksam fortdauern müsse.

IV. Stellungnahme der Kommentare zur CPO., die Motive und die übrige Literatur. Die Kommentare zur CPO. nehmen in der hier erörterten Frage eine ziemlich einmütige Stellung ein.

Insbesondere entscheiden Gaupp-Stein 5. Auflage, Seuffert 8. Auflage, Stuckmann-Koch 8. Auflage, Petersen-Anger 4. Auflage[1] übereinstimmend im Sinne des Reichsgerichts, indem als Begründung namentlich die Anschauung hervortritt, daß, — es möge in erster Instanz das Erkenntnis bedingt oder unbedingt verurteilend gelautet haben, das bedingte Endurteil der Berufungsinstanz schon beweise, jenes erste Urteil sei inkorrekt gewesen, und daß das Berufungsgericht abändernd erkenne.

Gaupp-Stein sagen zu § 717:

„Die Aufhebung ist schon dann auszusprechen, wenn an die Stelle des unbedingten für vorläufig vollstreckbar erklärten Urteils infolge der Berufung ein durch Eid bedingtes Urteil gesetzt wird.“

Dieselben sagen zu § 537:

„Will das Berufungsgericht das — bedingte oder unbedingte — Urteil erster Instanz durch bedingtes Endurteil ersetzen, das sonach im ersteren Falle durch einen anderen Eid oder den Eid einer anderen Partei bedingt ist oder andere Eidesfolgen ausspricht, so hat es die Aufhebung des ersten Urteils bereits im bedingten Endurteil auszusprechen und nicht erst als Folge der Eidesleistung dem Läuterungsurteil vorzubehalten. Denn mit dem Erlaß des bedingten Endurteils steht bereits fest, daß das Berufungsgericht anders entscheidet als der Unterrichter, indem es den Eid für erheblich hält, daß also die Berufung Erfolg hat.“

Auch bei § 343 findet sich wieder ausgesprochen, daß mit der Eidesauflage in der Berufungsinstanz, falls das erste Urteil unbedingt lautete, bereits feststehe, daß jenes erste Urteil unrichtig war.

Faßt man nunmehr außer dem Wortlaut des Gesetzes, soweit es hier in Frage kommt, die Ausführungen der Motive ins

---

[1] Vgl. Kommentare, die Bemerkungen zu §§ 717, 537, 343, 700 CPO.

Auge (Mot. S. 399, Hahn S. 430, Begr. d. Entw. zu § 607), so hat man eine ausreichende Grundlage für eine endgültige Entscheidung der vorliegenden Frage gewonnen.[1]

Die Motive sagen folgendes:

„Aus inneren Gründen ist es nicht zu rechtfertigen, daß ein Urteil vollstreckt wird, welches eine definitive Entscheidung nicht enthält und in der zur Aufhebung berufenen Instanz bereits aufgehoben ist, wenn auch diese Aufhebung selbst noch nicht eine definitive ist. Es kann nur eine Frage der Zweckmäßigkeit sein, ob die Möglichkeit einer wiederholten Änderung die Fortdauer der vorläufig getroffenen Maßregel bis zur definitiven Entscheidung des Rechtsstreits rechtfertigen soll (Preuß. AGO. Anh. § 186). Von den Rechtsmitteln kommt hierbei nur die Berufung in Frage, welcher allein ein zweites Rechtsmittel, die Revision, nachfolgen kann; die Gefahr, daß in der Revisionsinstanz unter Aufhebung des Berufungsurteils das Urteil erster Instanz wieder hergestellt werde, ist nicht groß genug, um die Anomalie zu rechtfertigen. Der Fall, daß im Wege der Berufung nur die Aufhebung des vollstreckbaren Urteils erster Instanz ohne Entscheidung in der Sache selbst erfolgt, liegt nach strengem Recht für den Schuldner noch günstiger, da, abgesehen von dem Einflusse der Revision, das Urteil nicht wieder hergestellt, sondern nur ein gleichlautendes neues erlassen werden kann."

---

[1] Vgl. noch Forkel, Vorläufige Vollstreckbarkeit S. 28 und Archiv für prakt. R.-W. (Hessen) 16, 309.

Das Oberlandesgericht Dresden bezweifelt in Bd. X S. 260 seiner Annalen die Richtigkeit der vom Reichsgericht aufgestellten Ansicht, daß im Sinne von § 717 CPO. eine für vorläufig vollstreckbar erklärte Verurteilung erster Instanz schon dann als aufgehoben zu gelten habe, wenn durch abänderndes bedingtes Endurteil des Berufungsgerichts die Verurteilung von der Leistung eines Parteieides abhängig gemacht werde, ohne nähere Gründe dafür anzugeben; in einer Bd. XIII S. 428ff. ebenda abgedruckten Entscheidung schließt es sich der vom Reichsgericht vertretenen Ansicht an.

In Wenglers Archiv 1895 S. 22ff. wird hauptsächlich der von uns unter 2. zu besprechende Fall des Einspruchsverfahrens ins Auge gefaßt, wennschon eine dem Reichsgericht gegenteilige Ansicht auch in unserer Frage darin zutage treten mag.

§ 10.

Entscheidung der bezeichneten Kontroversen.

I. Es handelt sich, wie nochmals hervorgehoben werden mag, um Beantwortung der Frage:

Hat man ein in der Berufungsinstanz ergehendes bedingtes Endurteil bei vorausgehendem abweichenden bedingtem oder unbedingtem erstinstanzlichen Urteil als ein Urteil anzusehen, das im Sinne von § 717 CPO. die Entscheidung in der Hauptsache oder die Vollstreckbarkeitserklärung aufhebt oder abändert?

Aufhebend oder abändernd ist ein Urteil — darüber kann kein Zweifel herrschen — dann, wenn es sachlich unvereinbar mit dem vorausgehenden Urteil ist, und es kann sehr wohl ein Urteil durch ein anderes aufgehoben werden, auch wenn in dem zweiten Urteil nicht ausdrücklich gesagt wird, daß das erste Urteil aufgehoben werde. Abändernd ist ein Urteil nicht, wenn es nur eine andere Form, wohl aber wenn es auch nur in nebensächlichen Punkten abweichenden Inhalt hat.

a) Die erste Instanz hat ein bedingtes Endurteil erlassen, und auch die zweite Instanz erkennt durch bedingtes Endurteil über die Sache.

Indessen bestätigt das zweite Urteil nicht schlechthin das erste, sondern es läßt auf Grund des ihm vorliegenden Tatbestandes einen anderen Eid schwören, oder legt einer anderen Partei den Eid auf, erkennt statt eines zugeschobenen Eides auf einen richterlichen, oder spricht andere Eidesfolgen aus.

In allen diesen Fällen werden die beiden Urteile sachlich miteinander unvereinbar sein. Wenn daher das zweite Urteil das erste nicht geradezu bestätigt, so wird man es, falls in beiden Instanzen bedingte Endurteile ergehen, stets als aufhebend oder abändernd in der Hauptsache im Sinne von § 717 Abs. 1 CPO. aufzufassen haben, ganz abgesehen davon, ob eine ausdrückliche Aufhebung des erstinstanzlichen Urteils ausgesprochen wird oder nicht. Es ist demnach in diesem Falle der Ansicht des Reichsgerichts beizutreten.

b) Der Beklagte wird in erster Instanz unbedingt verurteilt, das Urteil wird für vorläufig vollstreckbar erklärt, in der Berufungsinstanz wird dann die Verurteilung des Beklagten von einem Parteieide abhängig gemacht, der durch bedingtes Endurteil auferlegt wird.

Wenn das Reichsgericht mit Beziehung auf einen Fall dieser Art[1] sagt, es sei unzulässig, über ein Rechtsmittel bedingt zu erkennen und ferner, das Berufungsgericht müsse das erstinstanzliche Urteil aufheben und in einem bedingten Endurteil über die Sache selbst erkennen, so liegt die Ansicht zugrunde, die auch allgemein von den Kommentaren aufgestellt wird: schon darin, daß das Berufungsgericht es von einem Eid abhängig mache, ob der Beklagte verurteilt werden solle oder nicht, zeige sich, daß das erstinstanzliche Urteil inkorrekt gewesen sei, daß das Berufungsgericht anders erkenne und damit auch, daß das Rechtsmittel Erfolg habe. Und eben deswegen muß nach Ansicht des Reichsgerichts das erstinstanzliche Urteil aufgehoben werden, und ist das bedingte Endurteil als aufhebendes oder abänderndes Urteil im Sinne von § 717 CPO. anzusehen. Die vom Reichsgericht berührte Frage, ob es überhaupt zulässig sei, bedingt über ein Rechtsmittel selbst zu erkennen, soll und kann hier unentschieden bleiben. Die Frage, ob ein bedingtes Endurteil ein aufhebendes oder abänderndes Urteil im Sinne vom § 717 CPO. sei, kann unabhängig von jener anderen beantwortet werden. Der Sinn des bedingten Endurteils ist hier der, daß es die Entscheidung darüber, ob die erstinstanzliche Entscheidung, wenn auch nicht als solche, so doch ihrem wesentlichen Inhalt nach, aufrecht erhalten werde oder nicht, von einer Bedingung abhängig macht. Noch nicht wird bei Verkündung des bedingten Endurteils ausgesprochen, daß das erstinstanzliche Urteil unter allen Umständen in der Hauptsache unrichtig sei und fallen müsse, es bleibt vielmehr einstweilen noch in der Schwebe, ob dies der Fall ist, oder nicht. Es läßt sich daher wohl bezweifeln, daß ein bedingtes Endurteil in der Berufungsinstanz schon ein abänderndes oder aufhebendes Urteil in der Hauptsache gegenüber

---

[1] Daß dennoch § 717 CPO. keine Anwendung finden kann, weil eine vorläufige Vollstreckbarkeit des erstinstanzlichen Urteils nach richtiger Anschauung überhaupt nicht in Frage kommt, wurde bereits hervorgehoben. (Vgl. Anm. 2 auf S. 22 u. 23 dieser Abhandlung.) Vgl. RG. XII S. 358ff.

dem unbedingt verurteilenden erstinstanzlichen Erkenntnis darstelle. Eins aber ist unter allen Umständen schon bei Verkündung des zweitinstanzlichen bedingten Endurteils klar. Die vorläufige Vollstreckbarkeitserklärung des ersten wird durch das zweite Urteil aufgehoben. Denn ein bedingtes Endurteil kann nie für vorläufig vollstreckbar erklärt werden, weil es keinen der Zwangsvollstreckung fähigen Inhalt hat.[1] Das bedingte Endurteil spricht dem vorläufig vollstreckbaren Urteil erster Instanz gegenüber mit unverkennbarer Deutlichkeit aus, daß eine vorläufige Vollstreckbarkeit bei dem gegenwärtigen Stande der Dinge nicht stattfinden könne.

Ob in dem zweiten Urteile ausdrücklich gesagt wird, daß die vorläufige Vollstreckbarkeitserklärung des ersten aufgehoben werde oder nicht, darauf kommt es nicht an für Beantwortung der Frage, ob das Urteil bezüglich der Vollstreckbarkeitserklärung tatsächlich als aufhebend oder abändernd im Sinne des § 717 CPO. anzusehen ist. Während demnach die Tatsache, daß auf ein unbedingt verurteilendes Erkenntnis erster Instanz ein bedingtes Berufungsurteil ergeht, noch nicht genügt, damit das erste Urteil in der Hauptsache als aufgehoben oder abgeändert gelte, es vielmehr Tatfrage bleibt, ob dies der Fall ist oder nicht, erscheint die Vollstreckbarkeitserklärung des Urteils erster Instanz durch das zweitinstanzliche unter allen Umständen als aufgehoben.

Das Resultat, zu dem man bei der gegebenen Lösung der erörterten Streitfrage gelangt, ist durchaus befriedigend. In dem Augenblick, wo durch Richterspruch festgestellt ist, daß die auf Grund des erstinstanzlichen Urteils angeordnete vorläufige Vollstreckbarkeit bei der neuen Lage der Dinge eine Berechtigung nicht mehr hat, da erst die Zukunft lehren kann, ob die Vollstreckung überhaupt berechtigt ist oder nicht, — in demselben Augenblick wird dem aus dem erstinstanzlichen Urteil Vollstreckungsberechtigten ein Halt! zugerufen. Er kann auf Grund der Bestimmung in § 717 Abs. 1 nicht weiter vollstrecken, im übrigen greifen die Vorschriften der §§ 719, 775, 776 CPO. ein. Soweit jedoch geht die Wirkung des bedingten Endurteils nicht,

---

[1] Zur Begründung dieses Satzes vgl. §§ 14—18 dieser Abhandlung.

daß die Schadensersatzpflicht aus Absatz 2 des § 717 durch seine Verkündung schon begründet werde, wenn man diese Bestimmung nur bei Aufhebung oder Abänderung in der Hauptsache für anwendbar hält. Daß diese Auffassung zulässig ist, wird noch darzutun sein.[1]

II. Bedingtes Endurteil nach vorausgehendem vorläufig vollstreckbaren Versäumnisurteil.

Es ist nunmehr der zweite der erwähnten, besonders gearteten Fälle zu betrachten:

Gegen ein den Beklagten verurteilendes für vorläufig vollstreckbar erklärtes Versäumnisurteil wird Einspruch eingelegt. Nach Verhandlung über den Einspruch ergeht nunmehr ein bedingtes Endurteil, das die Verurteilung des Beklagten von einem Eide abhängig macht.

Vielfach wird bei dieser Sachlage die Ansicht vertreten[2], das bedingte Endurteil sei gegenüber dem vorausgehenden Versäumnisurteil nicht als aufhebend oder abändernd im Sinne von § 717 CPO. anzusehen, es könne daher auch noch aus dem Versäumnisurteile bis zum Erlaß des Läuterungsurteils vollstreckt werden.

Diese Ansicht wird unter anderm in Wenglers Archiv 1885 S. 22 ff.[3] eingehend begründet. Dort wird folgendes ausgeführt: „Anscheinend enthält § 308 (jetzt 343) CPO. nur eine Vorschrift, welche die Fassung des auf die Einspruchsverhandlung ergehenden Urteils regelt. Indes entspringt dieselbe einem Grundgedanken von materieller Bedeutung, nämlich dem, daß ein einmal erlassenes Urteil trotz des Wegfalles seiner Voraussetzungen dennoch formell so lange fortbestehe und fortwirke, bis es durch einen anderweiten Richterspruch wiederum aufgehoben werde. (Wach, Vorträge S. 145 1. Auflage.)

Hierzu genügt aber die Verkündung eines bloß bedingten

---

[1] Vgl. § 11 dieser Abhandlung.

[2] Vgl. die Kommentare zur CPO. von Gaupp-Stein, Seuffert, Struckmann-Koch, Petersen-Anger zu § 343, sowie die dort Angeführten, auch Barkhausen bei Gruchot XXVIII S. 727.

[3] Es liegt zugrunde ein Urteil des Kgl. Sächs. Landgerichts Freiberg, Civilkammer I, vom 10. Januar 1883 Dg 67/1882.

Endurteils nicht. Denn die Verpflichtung des Richters, welcher über den Einspruch zu erkennen hat, beschränkt sich nach § 308 (jetzt 343) nicht bloß auf die Prüfung der Frage nach der formellen Zulässigkeit des Einspruchs, sondern erstreckt sich auch auf die Untersuchung, ob das Versäumnis denjenigen, von welchem Einspruch eingelegt worden, in materieller Hinsicht benachteiligen würde. Ist dies zu verneinen, so verbleibt es einfach bei dem, was das Versäumnisurteil ausgesprochen, und nur dann, wenn und soweit solche Voraussetzung nicht zutrifft, hat die Aufhebung des Versäumnisurteils zu erfolgen. Hieraus folgt, daß weder ein nur Rechtzeitigkeit und Formrichtigkeit des Einspruchs bejahendes Zwischenurteil, noch auch ein im Laufe der Einspruchsverhandlung ergehendes bedingtes Endurteil den aufhebenden oder abändernden Urteilen im Sinne des § 655 (jetzt 717) beigezählt werden kann, und zwar ersteres nicht, weil es nur die formale Seite der Sache entscheidet, letzteres nicht, weil es die Erledigung der materiellen Frage erst noch von einer ihrem Eintritte nach ungewissen Bedingung abhängig macht."

Aus praktischen Rücksichten wird ferner die Unrichtigkeit der Meinung gefolgert, daß ein bedingtes Endurteil als abänderndes Urteil im Sinne von § 717 CPO. aufzufassen sei: Es würde äußerst gefährlich sein, auf Grund vorläufig vollstreckbaren Versäumnisurteils zu vollstrecken, wenn schon ein folgendes bedingtes Endurteil die im § 717 bezeichneten Wirkungen habe, die vorläufige Vollstreckbarkeit werde somit wertlos. Die Kommentare zur CPO. halten übereinstimmend in diesem Falle ein bedingtes Endurteil nicht für eine aufhebende oder abändernde Entscheidung.[1]

Gaupp-Stein äußern sich folgendermaßen zu § 343 CPO.: „Ist der Einspruch zulässig, so ist über die Sache selbst zu verhandeln und durch Urteil zu entscheiden. — Ist die neue Entscheidung eine durch Eid bedingte, so ist, je nachdem der Eid geleistet wird oder nicht, die Aufrechterhaltung oder Aufhebung des Versäumnisurteils auszusprechen; die Eidesauflage selbst enthält noch nicht die Aufhebung. Die Sachlage ist eine

---

[1] Vgl. die Kommentare von Gaupp-Stein, Struckmann-Koch, Seuffert, Petersen-Anger zu § 343 CPO.

andere als bei der Berufung: während dort mit der Eidesauflage feststeht, daß das unbedingte erste Urteil unrichtig war, ist hier die Richtigkeit der Entscheidung nicht in Frage, sondern nur das formale Endergebnis der ganzen Instanz."

Während auch Barkhausen bei Gruchot XXVIII S. 720 ff. und Forkel v. V. S. 28 dieser Meinung sind, soll hier die entgegengesetzte Meinung vertreten werden.

Zur teilweisen Begründung mag die bezügliche Motivenstelle hier angeführt werden (Hahn S. 830; Prot. S. 399):

„Bei dem Einspruche ist die sofortige Wirkung des Urteils auf die Vollstreckbarkeit des Versäumnisurteils unentbehrlich, um die Wirkung und Bedeutung des Einspruchs als Restitution zu sichern; sie ergänzt die Vorschriften über die ohne Rücksicht auf den Einspruch zu gewährende Vollstreckbarkeit."

Im übrigen ist hier derselbe Beweis zu führen, wie im Falle der Berufung. Das bedingte Endurteil hebt eben, weil es nicht vorläufig vollstreckbar sein kann, die Vollstreckbarkeitserklärung des vorausgehenden Versäumnisurteils auf und ist insoweit eine abändernde Entscheidung; es besagt gegenüber dem ersten Urteil, daß eine Zwangsvollstreckung zurzeit nicht statthaft sei.

III. Bedeutung eines die Zulässigkeit des Einspruchs bejahenden Zwischenurteils nach vorausgehendem Vollstreckungsbefehl.

Der dritte Fall, bei dem man zweifelhaft sein kann, ob man es mit einem aufhebenden oder abändernden Urteil im Sinne von § 717 CPO. zu tun hat, ist verhältnismäßig einfach.

Wenn im Mahnverfahren dem Zahlungsbefehl der Vollstreckungsbefehl gefolgt ist, der nach ausdrücklicher gesetzlicher Vorschrift einem für vorläufig vollstreckbar erklärten auf Versäumnis erlassenen Endurteile gleichsteht, so ist gegen den Vollstreckungsbefehl der Einspruch zulässig.

Es ist denkbar, daß, bevor eine Entscheidung in der Sache selbst gefällt wird, zunächst durch Urteil die Zulässigkeit des Einspruchs bejaht wird. Dies kann vorkommen, wenn eine wegen des Anspruchs zu erhebende Klage zur Zuständigkeit des Amtsgerichts gehört, es wird immer vorkommen, wenn der Anspruch nicht vor die Amtsgerichte gehört. Dann wird bei dem

Amtsgerichte nur darüber verhandelt und entschieden, ob der Einspruch in der gesetzlichen Form und Frist eingelegt sei. Die bezeichneten Urteile sind ihrem Wesen nach immer Zwischenurteile, aber sie sind nicht durchaus gleichartig.

Ist das Amtsgericht für den Anspruch zuständig, so kann das die Zulässigkeit des Einspruchs bejahende Zwischenurteil nicht als ein aufhebendes oder abänderndes Urteil gegenüber dem vorausgehenden Vollstreckungsbefehl angesehen werden. Das Urteil enthält überhaupt keinen Ausspruch, der auf die Sache selbst Bezug hätte, sagt daher auch über die Richtigkeit oder Unrichtigkeit der vorangegangenen Entscheidung weder hinsichtlich der Hauptsache, noch hinsichtlich der vorläufigen Vollstreckbarkeit etwas aus. Schon aus diesem Grunde ist nicht zu ersehen, inwiefern ein derartiges Urteil irgendwie dem Vollstreckungsbefehl gegenüber als aufhebend oder abändernd aufgefaßt werden könnte, es kommt noch hinzu, daß dieses Zwischenurteil nicht selbständig der Rechtskraft fähig ist und nur mit der darauf ergehenden Entscheidung in der Hauptsache durch Rechtsmittel angefochten werden kann. Man wird aber unter den im § 717 CPO. erwähnten Urteilen nur solche zu verstehen haben, die selbständiger Rechtskraft fähig und selbständig anfechtbar sind.

Das Zwischenurteil, durch welches das Amtsgericht den Einspruch für zulässig erklärt, in einem Falle, wo die Zuständigkeit des Amtsgerichts wegen des Anspruchs nicht begründet ist, wird in § 700 CPO. als Endurteil behandelt. Es wird in dieser Bestimmung angenommen, daß jenes Urteil selbständig rechtskräftig werden könne. Es ist daher auch selbständig mit der Berufung anfechtbar und überhaupt bezüglich der Rechtsmittel und der Zwangsvollstreckung als Endurteil anzusehen; zur Begründung mag noch auf § 538 Nr. 5 CPO. verwiesen werden, wo auf diese Möglichkeit Rücksicht genommen wird. Der § 717 Abs. 1 wird in diesem Falle Anwendung zu finden haben. Man kann den Vollstreckungsbefehl nicht als fortbestehend ansehen in dem Augenblick, wo das Amtsgericht durch Endurteil abschließend dahin erkennt, daß der gegen den Vollstreckungsbefehl eingelegte Einspruch zulässig sei. Das Urteil hebt die Vollstreckbarkeitserklärung des Zahlungsbefehls auf, und schon mit der Urteilsverkündung tritt sie außer Kraft. Die Wirkung des § 342 CPO. kann und muß in diesem Falle sofort eintreten, da das Urteil, in dem die Zulässigkeit des Einspruchs bejaht wird, hier wie ein Endurteil aufzufassen ist und gleichzeitig den Schluß der Tätigkeit des Amtsgerichts in dieser Frage darstellt. Ob der Vollstreckungsbefehl ausdrücklich aufgehoben wird oder nicht, ist unerheblich.[1] Hervorzuheben ist noch, daß auch in diesem Falle ebenso wie in den schon behandelten Fällen, die sich in der Berufungsinstanz und nach vorausgehendem Versäumnisurteil ergeben, nicht in der Hauptsache, sondern nur in der Vollstreckbarkeitserklärung abändernd erkannt ist.

§ 11.

Der Absatz 2 des § 717 CPO.

I. Der Wortlaut des Gesetzes.

Weiter als der § 717 Abs. 1 geht der zweite Absatz dieses Paragraphen, der für den Fall der Aufhebung oder Abänderung eines für vorläufig vollstreckbar erklärten Urteils eine Schadensersatzpflicht des Klägers bestimmt.

Die Vorschrift hat folgenden Wortlaut:

„Wird ein für vorläufig vollstreckbar erklärtes Urteil aufgehoben oder abgeändert, so ist der Kläger zum Ersatze des Schadens verpflichtet, der dem Beklagten durch die Vollstreckung des Urteils oder durch eine zur Abwendung der Vollstreckung gemachte Leistung entstanden ist. Der Beklagte kann den Anspruch auf Schadensersatz in dem anhängigen Rechtsstreite geltend machen; wird der Anspruch geltend gemacht, so ist er als zur Zeit der Zahlung oder Leistung rechtshängig geworden anzusehen.“

Die jetzige Fassung dieser gesetzlichen Bestimmung weicht von der früheren wesentlich ab. Der § 655 Abs. 2 der alten CPO. lautete: „Soweit ein für vorläufig vollstreckbar erklärtes Urteil aufgehoben wird, ist der Kläger auf Antrag des Beklagten zur Erstattung des von diesem auf Grund des Urteils Gezahlten oder Geleisteten zu verurteilen.“

---

[1] Vgl. Gaupp-Stein, Kommentar zu § 700.

II. Bemerkenswert ist sowohl in der alten wie in der neuen Fassung, daß nur allgemein von Aufhebung oder Abänderung des Urteils, nicht aber, wie im ersten Absatze des Paragraphen, von einer Aufhebung oder Abänderung der Entscheidung in der Hauptsache oder der Vollstreckbarkeitserklärung gesprochen wird. Man könnte annehmen, schon eine Aufhebung der vorläufigen Vollstreckbarkeit ohne eine Aufhebung oder Abänderung der Entscheidung in der Hauptsache genüge, um den § 717 Abs. 2 anwendbar erscheinen zu lassen; das Gesetz habe nur der Kürze halber sich nicht genauer ausgedrückt, müsse aber auch im zweiten Absatz genau wie im ersten des § 717 verstanden werden.

Die allgemein herrschende Ansicht geht indessen dahin, daß im Absatz 2 nur eine Abänderung oder Aufhebung des Urteils in der Hauptsache von Bedeutung sei.

Von Bedeutung ist bei dem unklaren Wortlaut des Gesetzes das, was die Motive zur Novelle der CPO. ausführen. Dort heißt es[1], es sei eine Forderung der Billigkeit gegenüber dem Schuldner, daß, wenn die Entscheidung, auf Grund deren die vorläufige Vollstreckung erfolgte, sich hinterher als sachlich unbegründet erweise, dem Schuldner der Schaden ersetzt werde, welcher diesem aus der vorzeitigen Zwangsvollstreckung oder aus einer zur Abwendung der Vollstreckung gemachten Leistung erwachsen sei. Und weiter wird wörtlich gesagt:

„Für den Fall, daß die Vollstreckbarkeit lediglich wegen Mangels der gesetzlichen Voraussetzungen aufgehoben wird, während in der Sache selbst das Urteil keine Änderung zu Ungunsten des Klägers erleidet, läßt der Entwurf die Schadensersatzverbindlichkeit nicht zu (— der Vorentwurf hatte dies getan —). Es wäre hier eine nicht zu rechtfertigende Härte gegen den Kläger, ihn dafür verantwortlich machen zu wollen, daß er die Befriedigung seiner schließlich durch Richterspruch anerkannten Ansprüche früher erlangt hat, als dies bei ordnungsmäßigem Gange des Verfahrens der Fall gewesen sein würde.“

Diese Auffassung des Entwurfes ist communis opinio geworden. Wesentliches ist nicht geändert worden, und wenn man

[1] Motive zur Novelle zur CPO. S. 146; Hahn S. 135.

erwägt, was für praktische Folgen die beiden möglichen Auslegungen haben, so gibt die in den Motiven zum Ausdruck gekommene ein besseres Resultat.

Die Benachteiligung des Beklagten besteht wesentlich darin, daß er vor Eintritt der Rechtskraft oder ohne Sicherheitsleistung des Klägers hat leisten müssen, während das eine oder andere dem wahren Rechte entsprochen hätte. Aber zu zahlen oder zu leisten verpflichtet war der Beklagte an sich. Daher liegt in der Tatsache, daß er gezahlt hat, kein Unrecht, und das um so weniger als praktisch meist die Leistung des Beklagten schon vor Klagerhebung der Billigkeit entsprochen haben würde. Es ist demnach der Meinung beizupflichten, wonach man unter Aufhebung oder Abänderung des Urteils im zweiten Absatze des § 717 CPO. nur eine solche in der Hauptsache zu verstehen hat.[1]

III. Der alte Erstattungsanspruch und der Schadensersatzanspruch der Novelle zur CPO.

Während hinsichtlich der eben berührten Frage die Novelle nichts Neues gebracht hat, ist in anderer Beziehung eine vollkommene Änderung eingetreten. Nach dem früheren Gesetze war der Kläger auf Antrag des Beklagten zur Erstattung des von diesem auf Grund des Urteils Gezahlten oder Geleisteten zu verurteilen. Diese Ausdrucksweise hat zu einer Kontroverse Veranlassung gegeben. Es war bestritten, ob auch Zinsen und Früchte der gezahlten Summe auf Grund jener Bestimmung gefordert werden könnten, und ob der Kläger für einen über die bloße Rückerstattung hinausgehenden Schaden haftbar sei. Die Frage hat bei der gänzlichen Neuregelung nur für Fälle Bedeutung, in denen die Leistung oder Vollstreckung vor dem 1. Januar 1900 erfolgt ist.[2] Sie soll hier kurz berührt werden: Das Reichsgericht und mit ihm die Praxis zum großen Teile, Planck in seinem Lehrbuche, sowie die meisten Kommentare zur CPO. standen auf dem Standpunkt, daß auf Grund des im § 655 alter Fassung erwähnten Antrags nur die wirklich geleistete

---

[1] Vgl. auch Entsch. d. RG. XXV S. 425; Forkel, Vorläufige Vollstreckbarkeit S. 29; Gaupp-Stein zu § 717 und die übrigen Kommentare.

[2] Vgl. Gaupp-Stein, Kommentar zu § 717 unter VI.

Summe ohne jeden Zuwachs gefordert werden, Zinsen aber und Früchte nur unter dem Gesichtspunkt des Schadensersatzanspruchs durch selbständig zu erhebende Klage erlangt werden könnten. Die gegenteilige Meinung vertraten unter anderen der Gauppsche Kommentar, Wach in seinen Vorträgen, Stein in seinem Urkundenprozeß S. 332, Forkel in seiner vorläufigen Vollstreckbarkeit. Die vom Reichsgericht vertretene Ansicht war vorherrschend; dennoch ist nicht zu verkennen, daß gerade die Grundgedanken der entgegengesetzten Meinung in der Neuregelung in der Novelle zum Ausdruck kommen. Wach betont in seinen Vorträgen, die Nachklage sei eingeführt, um den Beklagten besser zu stellen, dieser Zweck aber würde vereitelt, wenn nur das realiter Geleistete oder Gezahlte zu ersetzen sei.

Weiter führt Wach aus:

„Der richtige prinzipielle Gesichtspunkt ist der, daß der Staat das von ihm dem Beklagten provisorisch Entzogene ihm unter Aufhebung seiner objektiv ungerechten Anordnung wieder verschaffen muß.“

Und unter diesem provisorisch Entzogenen, das identisch ist mit dem, was der Kläger erhalten hat, muß nicht nur die Zahlung als solche, sondern auch die Möglichkeit der Nutzung der gezahlten Summe verstanden werden.[1]

Man hatte sonach schon nach altem Recht den Erstattungsanspruch als auf Herausgabe einer ungerechtfertigten Bereicherung gerichtet zu betrachten. Die Novelle aber geht weiter und spricht aus, daß der Kläger zum Ersatz des Schadens verpflichtet sei, der dem Beklagten durch die Vollstreckung des Urteils oder durch eine zur Abwendung der Vollstreckung gemachte Leistung entstanden sei.

Ansprüche auf Schadensersatz konnte der Beklagte gegenüber dem Kläger, der auf Grund vorläufig vollstreckbaren, später wieder aufgehobenen Urteils gegen ihn vollstreckt hatte, auch zur Zeit der Herrschaft des alten Rechtes wohl haben. Ihre Geltendmachung bildete den Gegenstand eines besonderen Prozesses. Die Frage, ob und inwieweit der Kläger schadensersatzpflichtig sei,

---

[1] Vgl. Forkel, Vorläufige Vollstreckbarkeit S. 34.

war nach materiellem Recht zu beantworten. Nach sächsischem Recht gab es eine derartige Haftung überhaupt nicht, während im gemeinen Recht und den meisten anderen Rechtsgebieten die Schadensersatzpflicht von einem Verschulden des Klägers abhängig gemacht wurde. Der Gesichtspunkt der Deliktsobligation war vorherrschend. Die neue, ganz anders geartete Bestimmung hat sich nach harten Kämpfen in der Fassung des Entwurfes zur Novelle siegreich durchgerungen. Mit unverkennbarer Deutlichkeit liegt in ihr ausgesprochen, daß der Kläger schon durch die Tatsache der Vollstreckung unter den hier vorliegenden Verhältnissen sich schadensersatzpflichtig mache. Von einem Verschulden des Klägers ist nicht die Rede. Es ist eine obligatio ex lege geschaffen worden.[1]

Der zugrunde liegende Gedanke ist in den Motiven mehrfach S. 146, 192 und in den Protokollen S. 173 ausgesprochen worden und ist etwa folgender: Durch die Vornahme der Zwangsvollstreckung wird objektiv betrachtet eine Rechtswidrigkeit begangen. Wenn nun ein Schaden entsteht, so muß das Gesetz dafür sorgen, daß er ersetzt werde. Wer soll ihn ersetzen? Zugunsten des Klägers ist die Ausnahme von der Regel, daß nur aus rechtskräftigen Urteilen vollstreckt werden solle, geschaffen. In seiner Hand liegt es, ob er von der ihm gewährten Möglichkeit Gebrauch machen will. Der Kläger genießt die Vorteile jener Einrichtung. Da ist es denn auch billig, daß er die Gefahren trage, die bei dem Gebrauch der Vollstreckung vor Eintritt der Rechtskraft unvermeidlich sind.

Qui jure suo utitur, neminem laedit ist ein Satz, der nur mit großer Vorsicht als richtig aufgenommen werden darf; man denke nur an §§ 226 ff. und § 904 BGB.s. Die Verweisung in den Protokollen auf § 231 BGB.s ist glücklich und zutreffend. Mag immerhin der Kläger unschuldig sein, der Beklagte ist es sicher in noch höherem Maße. Daher erscheint es richtig, daß der Kläger, der vor Gebrauch der zweischneidigen Waffe der vorläufigen Vollstreckbarkeit sorgfältig die Wirkungen seines Handelns sich überlegen möge, unbedingt den durch seine Handlungsweise

---

[1] Vgl. hierüber Wach, Deutsche Juristen-Zeitung III S. 66, 67.

entstehenden Schaden trägt. Eines ist bei alledem klar, daß die sonst so bedeutenden Wirkungen der vorläufigen Vollstreckbarkeit durch die Bestimmung des § 717 Abs. 2 erheblich abgeschwächt werden.[1]

IV. Umfang der Schadensersatzpflicht.

Der Kläger ist zum Ersatze des Schadens verpflichtet, der dem Beklagten durch die Vollstreckung des Urteils oder durch eine zur Abwendung der Vollstreckung gemachte Leistung entstanden ist.

Gaupp-Stein werfen in ihrem Kommentar zur CPO. bei Behandlung dieser Schadensersatzpflicht die Frage auf, wie es stehe mit der Verpflichtung des Klägers zum Schadensersatz in Fällen, in denen die Aufhebung des Urteils auf Grund von Einwendungen erfolge, die erst nach der Vollstreckung entstanden seien. Sowohl in dem Verfahren auf Einspruch, wie in der Berufungsinstanz oder im Nachverfahren des Urkundenprozesses könnten solche Einwendungen mit der Wirkung der Klagabweisung vorgebracht werden, während die Vollstreckung in einem solchen Falle auf Grund eines zu ihrer Zeit bestehenden Anspruchs erfolgt sei.

Nach Ansicht von Gaupp-Stein ist eine Schadensersatzpflicht des Klägers in diesem Falle ausgeschlossen. Zur Begründung wird angeführt: Die Voraussetzung der ganzen Bestimmung im § 717 Abs. 2 CPO. sei in allen Stadien der Beratung gewesen, daß das zweite Urteil die objektive Widerrechtlichkeit der Vollstreckung erweise. Die Schadensersatzpflicht solle den Ausgleich dafür bilden, daß dem Kläger das prozessuale Recht auf die Vollstreckung zur Seite gestanden, obwohl sein materieller Anspruch nicht bestanden habe. In den hier in Betracht kommenden Fällen aber treffe die erwähnte Voraussetzung nicht zu, die Vollstreckung sei vielmehr zur Zeit ihrer Vornahme objektiv rechtmäßig gewesen, weil dem Titel ein bestehender Anspruch entsprochen habe.

---

[2] Vgl. über alles dies die Motive zu den betr. Stellen der CPO.; Wach, Deutsche Juristen-Zeitung III S. 66, 67; Gaupp-Stein, Kommentar zu § 717 Abs. 2.

Gaupp-Stein, die einzigen Kommentatoren, die zu jener Frage Stellung genommen haben, erwähnen selbst, daß das Gesetz nicht unterscheide, und das ist wichtig: lege non distinguente, nec nobis est distinguendum. Wenn auch zugegeben werden mag, daß der Gedanke der objektiven Widerrechtlichkeit die Voraussetzung bildete, ohne die man dem § 717 Abs. 2 nicht seine jetzige Fassung gegeben haben würde, wenn man auch einräumen muß, daß in den von Gaupp-Stein erwähnten Fällen im Augenblick der Vollstreckung eine objektive Rechtswidrigkeit nicht vorhanden ist, so genügt dies doch nicht, um gegen den klaren Wortlaut des Gesetzes mit Erfolg ins Feld geführt zu werden. Die Ansicht Gaupp-Steins ist nur de lege ferenda von Bedeutung. Man darf nicht vergessen, daß die Motive nur bei unklarem oder wenigstens zweifelhaftem Wortlaut des Gesetzes ausschlaggebend sein können. Die Frage ist übrigens weder in den Kommissionsberatungen noch in der Literatur bisher genügend erwogen worden.

Der Umfang der Schadensersatzpflicht des Klägers, die nach dem Vorausgehenden nicht dadurch ausgeschlossen wird, daß die Aufhebung des Urteils erst auf Grund nachträglich vorgebrachter Einwendungen erfolgt, bestimmt sich nach den Vorschriften des BGB.s; denn es handelt sich um eine materiell-civilrechtliche[1] Frage, ein Schuldverhältnis allgemeiner Art, und zwar finden die §§ 249 ff. BGB. Anwendung.

Der Kläger hat den Zustand herzustellen, der bestehen würde, wenn nicht vollstreckt wäre, oder der Beklagte nichts zur Abwendung der Vollstreckung gezahlt oder geleistet hätte. Daher ist das Gezahlte oder Geleistete zurückzugeben, der entgangene Gewinn, unter Umständen hat Entschädigung in Geld stattzufinden, — kurz es handelt sich um den vollen im bürgerlichen Recht geregelten Schadensersatzanspruch.

Während Einigkeit darüber herrscht, daß die Vorschriften des BGB.s über den Schadensersatz anzuwenden sind, bestehen Meinungsverschiedenheiten darüber, ob im vorliegenden Falle der § 254 BGB.s eingreifen, und die Schadensersatzpflicht des Klägers

[1] Vgl. Gaupp-Stein, Kommentar zu § 717 CPO.

durch ein konkurrierendes Verschulden des Beklagten ausgeschlossen oder doch gemindert werden könne.

Aus der Entstehungsgeschichte des Gesetzes ist zu bemerken: „Man war in der Kommission bei Beratung der Novelle vielfach der Ansicht, daß, wenn auch die Schadensersatzpflicht immerhin als eine unbedingte, von einem Verschulden unabhängige normiert werden möge, doch wenigstens die Berücksichtigung eines etwaigen konkurrierenden Verschuldens des Beklagten zugelassen und sichergestellt werden müsse.“ Man beantragte daher auch in die Bestimmung im § 717 Abs. 2 ausdrücklich den Satz mit aufzunehmen: „Die Bestimmungen des § 254 BGB.s finden Anwendung.“ Von einem Vertreter der verbündeten Regierungen wurde damals geäußert, daß auch bei der jetzigen Fassung der § 254 BGB.s Anwendung finde.

Es wurde noch folgendes ausgeführt: „Die Bestimmungen des § 254 BGB.s seien auch für den Fall anwendbar, daß die Schadensersatzpflicht nicht auf einem Verschulden des Ersatzpflichtigen beruhe. Da es sich um allgemeine Bestimmungen des Obligationenrechts handele, so mache es auch keinen Unterschied, ob die Schadensersatzpflicht im BGB. oder in einem besonderen Gesetze ausgesprochen sei. Werde hier die Anwendbarkeit jener Bestimmungen ausdrücklich hervorgehoben, so sei zu besorgen, daß dadurch die Tragweite des § 254 für andere nicht im BGB. selbst geregelte Fälle verdunkelt werde.“

Weiter legte der erwähnte Regierungsvertreter dar, es sei eine Tatfrage und für jeden einzelnen Fall besonders zu entscheiden, wann bei Entstehung des Schadens ein Verschulden des Beklagten mitgewirkt habe; ein solches sei als vorhanden anzunehmen, wenn der Beklagte vorsätzlich oder fahrlässig ihm zu Gebote stehende Verteidigungsmittel nicht rechtzeitig gebraucht habe; die Schadensersatzpflicht des Klägers werde insbesondere dann auch eingeschränkt, „wenn der Beklagte schuldhafterweise es unterlassen habe, den Kläger auf die Gefahr eines mit der Vollstreckung verbundenen, ungewöhnlich hohen Schadens aufmerksam zu machen, den der Kläger weder kannte noch kennen mußte“.

Die Kommission gab schließlich ihre einmütige Auffassung

dahin kund, daß auf die Schadensersatzpflicht im § 717 Abs. 2 der § 254 BGB.s Anwendung finde. Der Antrag, dies ausdrücklich auszusprechen, wurde zurückgezogen.[1]

Die Ansicht der Kommission hinsichtlich der Anwendbarkeit des § 254 ist nun die herrschende geworden und wird unter anderen auch von Gaupp-Stein, Seuffert und Petersen in den Kommentaren zur CPO. vertreten, Struckmann-Koch äußern sich nicht über die Frage.[2]

Eine andere Ansicht hat Wach in der Deutschen Juristen-Zeitung III. S. 66 ff. ausgesprochen. Zur Begründung seiner Meinung führt Wach zunächst an, daß der § 717 CPO. ebensowenig wie die Motive — die Abhandlung ist vor dem Erscheinen der Kommissionsberichte geschrieben — zum Entwurf der Novelle die Möglichkeit eines „konkurrierenden oder überwiegenden, den Kläger liberierenden Verschuldens des Beklagten erwähnten". Ein solches Verschulden des Beklagten müsse, wenn es die behauptete Wirkung haben solle, kausal sein für die Vollstreckung. „Man könne aber nicht schon bei nachlässigem oder vorsätzlichem Unterlassen des Gebrauchs von Verteidigungsmitteln seitens des Beklagten ein Verschulden als vorhanden annehmen, dieser sei nicht zur Verteidigung verbunden, er bestreite die Existenz des Anspruchs, daher vollstrecke der Kläger auf seine Gefahr, wie auch die Vollstreckung immer auf dem eigenen freien Entschluß des Klägers ruhe. Die Annahme, der Beklagte werde vorsätzlich mit Verteidigungsgründen zurückhalten, um die Gegner zu täuschen und verurteilt zu werden, liege außerhalb des Bereichs der Wahrscheinlichkeit, und wenn der Beklagte fahrlässig das Entstehen des Vollstreckungstitels mit verursachte, verursache und verschulde er damit doch noch nicht die Vollstreckung."

Von Bedeutung für Lösung der Kontroverse ist das Verhältnis der in Frage kommenden Stelle der CPO. zu den §§ 249 ff. BGB.s. Die Novelle zur CPO. bildet, soweit sie materiellrechtliche Sätze aufstellt, mit dem BGB. ein einheitliches Gesetzeswerk.

---

[1] Vgl. hierzu K.-B. zur Novelle S. 174, 175 (Hahn S. 394).

[2] Vgl. auch die Kommentare zum BGB. von Planck und Hölder (Schollmeyer) zu § 254, ferner Heinitz, Deutsche Juristen-Zeitung III S. 54, Falkmann, Zwangsvollstreckung S. 58, 59; Kohn bei Gruchot XLIII S. 410 ff.

Das materielle Recht ist daher durch ergänzende Betrachtung beider Gesetze zu finden. Die Bestimmungen schließen einander nicht aus, sondern haben miteinander zu gelten. Der § 13 EG. zur CPO., der bestimmt, daß die prozeßrechtlichen Vorschriften der Reichsgesetze durch die CPO. nicht berührt werden, gestattet nicht den Schluß mit argumentum e contrario, daß materiellrechtliche Vorschriften der Reichsgesetze durch die Vorschriften der CPO. aufgehoben werden könnten; immerhin bleibt zu erwägen, ob nicht aus besonderen Gründen die Anwendbarkeit solcher materiellrechtlicher Vorschriften des bürgerlichen Rechts im Prozeß ausgeschlossen sein kann. Daß auch das BGB. materiellrechtliche Vorschriften der anderen Reichsgesetze, soweit es sie nicht ausdrücklich aufhebt, in Kraft bleiben läßt, ergibt sich aus § 32[1] Einf.-Ges. zum BGB. Demnach kann ebensowenig wie die Anwendung der vorausgehenden Paragraphen des BGB.s die Anwendung des § 254 auf die im § 717 CPO. getroffene Bestimmung als falsch bezeichnet werden. Lassen beide Bestimmungen sich miteinander vereinigen, so sind sie gegenseitig auseinander zu ergänzen. Wie aber hat man es zu halten, wenn sie sich widersprechen? — Der § 717 CPO. steht zu dem § 254 BGB.s im Verhältnis der lex specialis zur lex generalis. In den durch den § 717 CPO. geregelten Fällen darf deshalb der § 254 BGB.s insoweit nicht angewandt werden, als er mit der civilprozessualen Bestimmung in Widerspruch tritt.

Der § 717 CPO. kennt nun seinem klaren Wortlaut nach für die Schadensersatzpflicht des Klägers andere Voraussetzungen nicht, als die Tatsache der Aufhebung oder Abänderung eines für vorläufig vollstreckbar erklärten Urteils und die weitere Tatsache, daß auf Grund dieses Urteils infolge seiner Vollstreckung oder infolge einer zur Abwendung der Vollstreckung seitens des Beklagten gemachten Leistung diesem ein Schaden erwachsen ist. Liegen diese Voraussetzungen vor, so tritt die Schadensersatzpflicht des Klägers unter allen Umständen ein, und ein Eingreifen des § 254 BGB.s mit der Wirkung, daß diese Schadensersatzpflicht gänzlich ausgeschlossen werde, ist mit der Vorschrift in

[1] Ebenso Kohn bei Gruchot XLIII S. 411.

§ 717 CPO. gänzlich unvereinbar. Aber auch ein Einfluß eines etwaigen bei Entstehung des Schadens mitwirkenden Verschuldens des Beklagten auf den Umfang der Schadensersatzpflicht des Klägers in der Weise, daß diese dadurch gemindert werden könnte, läßt sich mit der civilprozessualen Bestimmung nicht in Einklang bringen. Es ist eben der volle Schaden zu ersetzen, der durch die Vollstreckung oder durch eine zur Abwendung der Vollstreckung gemachte Leistung entstanden ist. Wollte man aber auch davon absehen, daß die Fassung des § 717 CPO. eine Anwendung des § 254 BGB.s gar nicht zuläßt, so würde man zu einer praktischen Anwendung dieser bürgerlichrechtlichen Bestimmung wohl nur in sehr seltenen Fällen kommen. Worin könnte man denn ein Verschulden des Beklagten finden? Der Regierungsvertreter, der gelegentlich der Kommissionsberatung das Wort ergriff, wollte ein solches in dem vorsätzlichen oder fahrlässigen nicht rechtzeitigem Gebrauchen von Verteidigungsmitteln finden, ferner noch darin, daß etwa der Beklagte schuldhafterweise unterlassen habe, den Kläger auf die Gefahr eines mit der Vollstreckung verbundenen ungewöhnlich hohen Schadens aufmerksam zu machen, den dieser weder kannte noch kennen mußte. Im Anschluß an diese Meinung wollen einige Kommentare in dem Versäumen eines Termins[1], wodurch ein Versäumnisurteil erst ermöglicht werde ein derartiges Verschulden des Beklagten erblicken. Weiter werden das Vorbringen von Einwendungen gegen den durch das Urteil festgestellten Anspruch, vgl. § 767 CPO., erst nach der Vollstreckung, das Unterlassen der Stellung eines Antrags aus § 713 Abs. 2 CPO. oder der Hinterlegung nach § 720 oder endlich auch der Stellung eines Antrags aus § 721 CPO. als Verschulden des Beklagten angesehen, auch das Unterlassen der Stellung von zulässigen Anträgen, Einwendungen und Erinnerungen aus § 766 CPO., endlich ein passives Verhalten des Beklagten in Fällen, in denen er einen Arrest oder eine einstweilige Verfügung hätte beantragen können.[2]

Die meisten dieser Fälle eines angeblichen Verschuldens des

---

[1] Vgl. Seuffert, Kommentar zu § 717 CPO.

[2] Vgl. hierüber Kohn bei Gruchot XLIII S. 415, 416.

Beklagten können hier gar nicht in Betracht kommen. Das Verschulden müßte, wie schon WACH[1] betont hat, kausal sein für die Vollstreckung, es müßte diese nicht nur ermöglicht, sondern sie geradezu mit veranlaßt, zu ihr den letzten entscheidenden Anstoß gegeben haben. Ein derartiges Verschulden des Beklagten wird aber wohl kaum jemals nachzuweisen sein. Sollte man daher auch theoretisch den § 254 BGB.s für anwendbar halten, so würde man praktisch doch wohl Fälle, in denen eine Schadensersatzpflicht des Klägers ausgeschlossen wäre, niemals, Fälle in denen die Ersatzpflicht gemindert würde, nur sehr wenige finden.

Neben dem Schadensersatzanspruch soll nach Ansicht einiger Kommentatoren der § 717 dem Beklagten noch einen Anspruch auf Herausgabe ungerechtfertigter Bereicherung geben.[2] Davon steht im Gesetze nichts. Die §§ 812 ff. finden keine Anwendung, wenngleich der Schadensersatzanspruch inhaltlich oft sich mit einem Bereicherungsanspruch decken wird.[3]

Der Grund für die mißverständliche Auffassung ist wohl im Kommissionsbericht zur Novelle zu suchen, wo es auf S. 170 (HAHN S. 391) heißt: „Der wesentliche Unterschied der Vorlage gegenüber dem bestehenden Gesetze besteht darin, daß zu Lasten des Klägers neben der Pflicht zur Erstattung der Bereicherung noch eine Schadensersatzpflicht statuiert wird etc.“

Ob im Kommissionsbericht auch die erwähnte Auffassung vertreten werden soll, mag dahingestellt bleiben; möglicherweise liegt nur eine unpräzise Ausdrucksweise vor.

V. Die Geltendmachung des Schadensersatzanspruchs seitens des Beklagten durch Antrag im anhängigen Rechtsstreit.

Der Beklagte kann nach ausdrücklicher Vorschrift des Gesetzes den Anspruch auf Schadensersatz in dem anhängigen Rechtsstreit geltend machen, und zwar geschieht dies wie schon zur Zeit der Herrschaft des alten Rechts durch einfachen Antrag.[4]

Schon früher herrschte Meinungsverschiedenheit darüber, wann

---

[1] Deutsche Juristen-Zeitung, III. Jahrgang, S. 66 ff.

[2] Vgl. die Kommentare von SEUFFERT, PETERSEN und STRUCKMANN-KOCH zu § 717 CPO.

[3] Vgl. GAUPP-STEIN, Kommentar zu § 717 CPO.

[4] Vgl. § 655 Abs. 2 der CPO. alter Fassung.

dieser Antrag spätestens gestellt werden müsse. Während das Reichsgericht und die Mehrzahl der Kommentare damals die Meinung vertraten, dieser Antrag dürfe nur bis zum Schluß derjenigen mündlichen Verhandlung gestellt werden, auf welche das Urteil ergehe, stellte sich das Oberlandesgericht Hamburg[1] in einer Entscheidung auf den Standpunkt, daß jener Antrag auch noch nach Schluß der mündlichen Verhandlung gestellt werden könne, und daß dies sogar das Natürlichere sei. Als Gründe hierfür werden angeführt:

1. der Rückerstattungsanspruch entstehe erst, wenn das Aufhebungsurteil ergangen sei, ein Antrag könne aber nicht vor Entstehung des Anspruchs, auf den er sich gründe, gestellt werden;

2. während der § 714 besondere Vorschriften über die Zeit der Stellung der die vorläufige Vollstreckbarkeit betreffenden Anträge enthalte, schweige der § 717 hierüber, man habe daher anzunehmen, daß man eine zeitliche Begrenzung wie in § 714 hier nicht habe schaffen wollen;

3. der Beklagte könne sich, falls man annähme, der Antrag sei nur bis zum Schluß der mündlichen Verhandlung zulässig, durch § 717 nicht helfen, wenn der Kläger erst nach Schluß der mündlichen Verhandlung vollstrecke.

Gegen die Entscheidung des Oberlandesgerichts Hamburg wendet sich FORKEL in seiner vorläufigen Vollstreckbarkeit S. 30. FORKEL führt aus, der Beklagte könne den Antrag als Eventualantrag stellen, für den Fall, daß der Richter ein aufhebendes oder abänderndes Urteil erlasse. Statt aus § 714 mit argumentum e contrario einen Schluß zu ziehen, könne man ebensogut für analoge Anwendung der dort ausgesprochenen Grundsätze im Falle des § 717 CPO. eintreten. Man habe für überflüssig gehalten, in § 717 nochmals auszusprechen, was schon in § 714 CPO. enthalten sei und was mit dem das ganze Gesetz durchziehenden Prinzip, daß Sachanträge vor Schluß der mündlichen Verhandlung zu stellen seien, in völligem Einklang stünde. Endlich träte schon mit Verkündung des neuen Urteils die vorläufige Vollstreckbarkeit des vorigen außer Kraft, und dem Kläger bleibe

[1] Vgl. SEUFFERTS Archiv XXXIX Nr. 68.

daher nach Schluß der mündlichen Verhandlung nicht viel Zeit zur Vollstreckung.

Die von Forkel angeführten Gründe sind durchschlagend, und man wird sich der Meinung anzuschließen haben, wonach der Antrag des Beklagten aus § 717 CPO. vor Schluß der mündlichen Verhandlung zu stellen ist. Man hat zu berücksichtigen, daß es unter Umständen eine höhere Instanz, jedenfalls aber die Möglichkeit selbständiger Klage gibt, wenn dem Beklagten wirklich durch die Vollstreckung nach Schluß der mündlichen Verhandlung noch erheblicher Schaden erwachsen sollte. Auch die Möglichkeit der Wiedereröffnung der mündlichen Verhandlung durch das Gericht ist zu bedenken; man vergleiche hierüber §§ 156 und 526, auch § 669 CPO.

Nach neuem Rechte ist die Frage bezüglich der Zeit der Stellung des Antrags nicht anders als nach altem Rechte zu beantworten.

Im Falle des Erlasses eines bedingten Endurteils kann bis zum Schlusse der Verhandlung, auf die das Läuterungsurteil ergeht, der Antrag, auch in der höheren Instanz, selbst in der Revisionsinstanz kann er noch gestellt werden.[1]

Es ist unerheblich, ob der Schaden mehr als 300 Mark beträgt, der Ersatzanspruch kann durch Antrag des Beklagten doch vor dem Amtsgericht geltend gemacht werden, wenn nur der klägerische Anspruch zur amtsgerichtlichen Zuständigkeit gehörte. Darin zeigt sich, abgesehen davon, daß der bezeichnete Antrag ohne selbständige Begründung schon durch die Unhaltbarkeit der vorausgegangenen Verurteilung motiviert wird, der Unterschied dieses Antrages von einer Widerklage[2]; ein Verweisungsantrag wegen Unzuständigkeit wäre abzulehnen.

Freilich werden durch diese Regelung der Sache die Vorschriften der CPO. über den Gerichtsstand und den Instanzenzug unter Umständen aufgehoben, aber der Gesetzgeber hat das mit Wissen und Willen für diesen besonderen Fall so eingerichtet.[3]

---

[1] Vgl. Gaupp-Stein, Kommentar zu § 717; Forkel, Vorläufige Vollstreckbarkeit S. 31 u. s. w. RG. XXVII S. 44 u. a. m.

[2] Vgl. Wach, Vorträge, 2. Aufl. S. 312.

[3] Kommissionsberichte zur Novelle zur CPO. S. 171—174.

Daß der Antrag des Beklagten als Sachantrag aufzufassen ist, bedarf kaum des Beweises.

Abgesehen davon, daß der § 717 CPO. dem Beklagten die Erhebung einer selbständigen Schadensersatzklage erspart, begünstigt er ihn auch noch dadurch, daß er eine Vordatierung der Wirkungen des Antrages des Beklagten einführt. Falls der Anspruch auf Schadensersatz in dem anhängigen Rechtsstreit geltend gemacht wird, so soll der Anspruch als zur Zeit der Zahlung oder Leistung rechtshängig geworden angesehen worden. Es treten die materiellrechtlichen Wirkungen der Rechtshängigkeit von jenem Zeitpunkt ein, insbesondere können von da ab Zinsen gefordert werden. (Vgl. §§ 291, 292 BGB.s.)[1]

Das Urteil über den vom Beklagten so geltend gemachten Schadensersatzanspruch ist Bestandteil des im übrigen in der Sache ergehenden Urteils, es ist mit diesem und in derselben Weise anfechtbar, da es eine Entscheidung in der Hauptsache, nicht nur über die vorläufige Vollstreckbarkeit, darstellt, so daß § 718 Absatz 3 keine Anwendung leidet.[2]

Bezüglich der vorläufigen Vollstreckbarkeit der Entscheidung über den Schadensersatzanspruch des Beklagten gelten die allgemeinen Grundsätze.

VI. Einreden des Klägers gegenüber dem durch Antrag im anhängigen Rechtsstreit geltend gemachten Schadensersatzanspruch.

Der Antrag des Beklagten hat prozessualisch mit einer Widerklage nichts gemein. Der Kläger wird nicht in die Beklagtenrolle gebracht; dennoch liegt der Fall praktisch so, daß der Kläger bei erfolgreichem Antrag des Beklagten zur Zahlung verurteilt wird. Der Beklagte fordert etwas vom Kläger, er macht einen nach materiellem Rechte zu beurteilenden Anspruch geltend. Der Kläger muß sich gegen diesen Anspruch verteidigen können.

Das Reichsgericht und mit ihm manche Kommentare vertraten vor der Novelle zur CPO. den Standpunkt, daß der Kläger gegenüber dem Erstattungsanspruch des Beklagten nach dem

---

[1] Siehe hierzu auch Gaupp-Stein, Kommentar zu § 717.

[2] Vgl. Forkel, Vorläufige Vollstreckbarkeit S. 35; RG. XXV S. 423 und die Kommentare.

damaligen § 655 CPO. weder Kompensationseinreden, noch sonstige Einwendungen mit Erfolg vorbringen könne.[1]

Neuerdings wollen unter anderen GAUPP-STEIN[2] und SEUFFERT[2] dem Kläger alle aus dem bürgerlichen Recht sich ergebenden Einreden gegenüber dem Schadensersatzanspruch des Beklagten verstatten.

WACH hat sich in seinen Vorträgen, 2. Auflage, Anmerkung auf S. 313 über die berührte Frage folgendermaßen geäußert: „Daß nach der CPO. gegen den Antrag auf Erstattung nach § 655 (jetzt § 717) nicht Verteidigungsgründe verwertet werden können, welche zur Stütze der Klage in der höheren Instanz ausgeschlossen sind, versteht sich von selbst; dagegen fordert die Konsequenz, daß die auf Grund von Pluspetitio erfolgte Vollstreckung aufrecht erhalten werden kann durch statthafte verteidigungsweise Klagerweiterung (§ 240 [jetzt 268] Nr. 2 CPO.), z. B. bei nachträglicher Fälligkeit neuer Raten.“ Weiter sagt WACH noch a. a. O.: „Eine Verteidigung gegen den Erstattungsantrag durch Einrede, z. B. der Zahlung, werde keineswegs generell abzuschneiden sein.“

Die prozessuale Lage ist in der neuen Fassung des Paragraphen gegenüber dem früheren Rechte unverändert geblieben. Der Unterschied liegt darin, daß an Stelle des früheren Bereicherungsanspruchs auf Rückerstattung des Gezahlten oder Geleisteten ein Schadensersatzanspruch getreten ist.

Dieser Schadensersatzanspruch, dessen causa nicht ein behauptetes deliktisches Vorgehen des Klägers, sondern die in der Tatsache der Vollstreckung gelegene objektive Rechtswidrigkeit ist, — der Anspruch hat seinen Grund in einer obligatio ex lege — kann genau wie der frühere Erstattungsanspruch ohne selbständige Klage in dem anhängigen Rechtsstreit durch einfachen Antrag des Beklagten geltend gemacht werden. Der Beklagte stützt seinen Antrag auf die Behauptung, der Kläger habe vollstreckt, obwohl seinem formellen Vollstreckungsanspruch ein materiellrechtlicher nicht zur Seite gestanden habe. Der Kläger verteidigt sich demgegenüber, indem er dieses Vorbringen des

[1] Vgl. RG. XXXIV S. 355 ff.

[2] Kommentar zu § 717 Abs. 2 CPO.

Beklagten bestreitet und behauptet, der materielle Anspruch, auf Grund dessen die Vollstreckung erfolgt sei, habe zu Recht bestanden, oder aber der Schadensersatzanspruch des Beklagten, falls er bestanden haben sollte, sei erloschen durch inzwischen eingetretene rechtlich erhebliche Tatsachen.

Eine Verurteilung des Klägers nach dem Antrage des Beklagten hängt dann davon ab, ob das Gericht zu einer Aufhebung oder Abänderung des Urteils gelangt. Es ist aber auch möglich, daß der Antrag des Beklagten zurückgewiesen wird, selbst wenn das angefochtene Urteil aufgehoben oder abgeändert wird. Macht der Kläger, der zwar in erster Linie seinen Anspruch aufrecht erhalten will, noch eventuell einredeweise Verteidigungsgründe gegenüber dem Antrage des Beklagten geltend, so ist nicht ausgeschlossen, daß die Geltendmachung des Schadensersatzanspruchs seitens des Beklagten dennoch als nicht gerechtfertigt erscheint. An sich ist sehr wohl ein aufhebendes Urteil in der Weise denkbar, daß es die Klage abweist, dem Kläger die Kosten beider Instanzen auferlegt, gleichzeitig aber den Antrag des Beklagten auf Leistung von Schadensersatz zurückweist unter Belastung des Beklagten mit den infolge seines Antrags erwachsenen besonderen Kosten (vgl. § 287 CPO.). Wenn der Wortlaut des alten § 655 CPO. Zweifel hervorrufen konnte, ob ein derartiges Urteil zulässig sei, und wenn das Reichsgericht gegenüber dem Erstattungsantrag des Beklagten überhaupt keine Einreden zulassen wollte, so mag dahingestellt bleiben, ob es damit Recht hatte. Möglicherweise erklärt sich die Stellungnahme des Reichsgerichts nur aus einer gewissen Scheu, es könnten durch Zulassung von Einreden gegen den Erstattungsantrag des Beklagten ganz neue, die Entscheidung oft erheblich erschwerende Rechtsverhältnisse in den Prozeß hineingetragen werden. Der Wortlaut des nunmehrigen § 717 CPO. spricht keineswegs gegen die Zulässigkeit von Einreden gegen den Antrag des Beklagten auf Verurteilung des Klägers zur Leistung von Schadensersatz. Allgemeine Grundsätze aber, juristische Konsequenz und die Erwägung, daß man im Zweifel immer die Lösung einer Frage zu bevorzugen hat, die zu dem besseren praktischen Ergebnis führt, drängen dazu, dem Kläger Einreden gegenüber dem Antrage des Beklagten nicht durchaus abzuschneiden. Was für ein Grund sollte denn auch vorhanden sein, dem Kläger Einreden wie die der Zahlung, der Stundung, eines entgegenstehenden außergerichtlichen Vergleichs zu versagen? Wie kann man dem Kläger die Aufrechnung verwehren wollen, zu deren Geltendmachung bei dem ihm günstigen Ergebnis der ersten Instanz gar keine Veranlassung vorlag? Auch eine verteidigungsweise nach § 268, Abs. 2 zulässige Klagerweiterung wird man gegenüber dem Antrag des Beklagten nicht zurückweisen können, während neue Ansprüche, die nach § 529 Abs. 2 CPO. in der höheren Instanz nicht erhoben werden dürfen, auch als Verteidigungsgründe für den Kläger nicht zu verwenden sind. Die Ansicht des Reichsgerichts läßt sich demnach für das heutige Recht keineswegs aufrecht erhalten, und man hat der Ansicht GAUPP-STEINS und WACHS beizutreten.

VII. Die Geltendmachung des Schadensersatzanspruchs durch selbständige Klage. Schlußbemerkung.

Statt durch Antrag im anhängigen Rechtsstreit kann der Beklagte seinen Schadensersatzanspruch aus § 717 CPO. auch durch selbständige Klage geltend machen.

Das angegangene Gericht hat in diesem Falle seine Zuständigkeit selbständig zu prüfen. Der Gerichtsstand wird jedoch nicht durch den Ort der Vollstreckung oder Leistung im Sinne des forum delicti commissi, § 32 CPO., begründet. Die von GAUPP-STEIN[1] vertretene Ansicht, wonach man auf Grund der Neuregelung im BGB. zwischen unerlaubten Handlungen im engeren Sinne oder den eigentlichen Delikten und unerlaubten Handlungen im weiteren Sinne, oder solchen, an sich erlaubten Handlungen zu scheiden habe, welche die Rechtsfolgen der unerlaubten Handlung ohne Rücksicht auf subjektives Verschulden nach sich zögen, kann nicht gebilligt werden. Vielmehr wird man auch nach neuem Recht als Voraussetzung für das Vorhandensein einer unerlaubten Handlung ein subjektives Verschulden fordern müssen. Eine lediglich objektiv widerrechtliche Handlung ohne subjektives Verschulden des Handelnden fällt nicht unter den Begriff der

---

[1] Vgl. Kommentar zu § 717 unter IV, 1, zu § 32 nach Note 21.

unerlaubten Handlung. Wenn das BGB. die Haftung für Tiere und für Wildschaden, §§ 833, 835, unter dem Titel „unerlaubte Handlungen“ regelt, so ist dies dadurch zu erklären, daß das Gesetz eine Schuld des Herrn präsumiert oder die Schuld des Tieres fingiert und auf den Herrn überträgt; der Begriff subjektiven Verschuldens liegt auch in diesen Fällen unzweifelhaft zugrunde.[1]

Die Aufhebung oder Abänderung des Urteils, auf Grund dessen vollstreckt war, erscheint als Klaggrund; die Rechtskraft des abändernden Urteils wird aber nicht vorausgesetzt. Der Kläger im Vor- und Beklagte im Schadensersatzprozeß kann, wenn das aufhebende Urteil noch nicht rechtskräftig ist, einredeweise geltend machen, daß der Anspruch, auf Grund dessen er vollstreckt habe trotz des aufhebenden Urteils zu Recht bestehe. Diese Einrede stellt sich als Aufrechnungseinrede dar (vgl. § 145 CPO.) und vermag den Schadensersatzanspruch des nunmehrigen Klägers wohl zu mindern, nicht aber gänzlich auszuschließen. Das Gericht kann in diesem Falle Aussetzung der Entscheidung über die Schadensersatzklage gemäß § 148 CPO. anordnen. Die bezeichnete Einrede ist zurückzuweisen, wenn das aufhebende Urteil Rechtskraft erlangt. Hat dagegen der Beklagte im Schadensersatzprozesse in dem ursprünglichen Rechtsstreit endgültig Erfolg, so ist die Aufrechnungseinrede begründet.[2] In der Geltendmachung von Einreden ist der Beklagte nicht beschränkt. Eine Vordatierung der Wirkungen der Rechtshängigkeit, wie sie im § 717 eingeführt ist, kommt bei dem selbständigen Schadensersatzprozeß nicht vor, man könnte daran nur denken, wenn etwa der Antrag vom Beklagten im Vorprozesse gestellt, aber wegen Klagrücknahme nicht entschieden worden wäre.

Ist im Vorprozesse der Antrag des Beklagten rechtskräftig zurückgewiesen, so ist der Anspruch, falls er in selbständiger Klage wieder geltend gemacht wird, abzuweisen, es steht hier die exceptio rei judicatae entgegen.

---

[1] Vgl. über alles dies Wach, Handbuch S. 467 ff.

[2] Vgl. Gaupp-Stein, Kommentar zu § 717 unter IV und II 2, auch zu § 145 unter VI c.

Ausgeschlossen erscheint endlich die Geltendmachung des Schadensersatzanspruchs durch selbständige Klage durch die Einrede der Rechtshängigkeit, wenn diese nach § 281 CPO. durch Stellung des Antrags im Vorprozeß bereits eingetreten ist.

Es mag noch auf die der Regelung des § 717 CPO. entsprechende Behandlung der Vorbehaltsurteile in den §§ 302 und 600 verwiesen werden. Der § 541 CPO. gewährt im Gegensatz hierzu keinen Schadensersatz-, sondern nur einen Bereicherungsanspruch; man brachte die Frage[1] eines Verschuldens des Beklagten mit wenig Recht hinein.

III. Voraussetzungen für die Erteilung der Vollstreckbarkeitserklärung, insbesondere die vorläufige Vollstreckbarkeit der Kostenentscheidung und von Urteilen, die einen zur Zwangsvollstreckung geeigneten Inhalt nicht haben. Die §§ 708 bis 710 CPO.

a) Die in Betracht kommenden Kontroversen.

§ 12.

Einleitendes.

Die Bestimmungen der §§ 708 bis 710 CPO., die sich mit den einzelnen Arten von Urteilen, die für vorläufig vollstreckbar erklärt werden können oder müssen, beschäftigen, haben zu lebhaften Meinungsverschiedenheiten geführt und das Entstehen einer nicht unerheblichen Literatur veranlaßt. Besonders eingehend ist die Frage nach der vorläufigen Vollstreckbarkeit der Kostenentscheidung eines Urteils behandelt worden, die eng zusammenhängt mit der anderen Frage, ob Urteile, auch wenn sie keinen zur Zwangsvollstreckung geeigneten Inhalt haben, für vorläufig vollstreckbar erklärt werden können, z. B. Feststellungs-

---

[1] Vgl. Wach, Vorträge und Deutsche Juristen-Zeitung III S. 66.

urteile. Bevor die hier entstandenen Kontroversen entschieden werden, sollen die hauptsächlich in der Literatur hervorgetretenen Meinungen und die für sie ins Feld geführten Gründe nacheinander dargestellt werden. Zunächst aber ist auf die Streitfragen bezüglich der Kostenentscheidung noch einzugehen.

Der französische Code de procédure civile, wohl das erste Gesetz, das die vorläufige Vollstreckbarkeit kannte und regelte, sagt im art. 137: L'exécution provisoire ne pourra être ordonnée pour les dépens, quand même ils seraient adjugés pour tenir lieu de dommages et intérêts. Die vorläufige Vollstreckbarkeit der Kostenentscheidung wird für das französische Recht demnach gänzlich ausgeschlossen.

Der Hannöversche Entwurf und die Württembergische Civilprozeßordnung vom 3. April 1868 sprachen dasselbe aus, während der im Jahre 1870 zum Abschluß gekommene Norddeutsche Entwurf sich auf einen anderen Standpunkt stellte, eine derartige Bestimmung nicht aufnahm und aus den Protokollen (S. 2100) zu ersehen ist, daß man die vorläufige Vollstreckbarkeit der Kostenentscheidung zulassen wollte. Die späteren Entwürfe und die jetzige CPO. selbst lassen nicht erkennen, ob man sich mit der Frage nach der vorläufigen Vollstreckbarkeit der Kostenentscheidung nochmals beschäftigt hat. Ein Verbot, wie es sich im französischen Gesetze findet, gibt es in der deutschen Civilprozeßordnung nicht. Die vorläufige Vollstreckbarkeit wird dem Urteile als solchem durch ausdrückliche Erklärung beigelegt. Daher wird man anzunehmen haben, daß die vorläufige Vollstreckbarkeit eines Urteils auch die Kostenentscheidung mit umfasse, wenn nicht besondere Gründe vorhanden sind, die im Einzelfalle die vorläufige Vollstreckbarkeit der Kostenentscheidung ausschließen.

Es gibt nun einen Fall, in welchem nach allgemeiner Ansicht die vorläufige Vollstreckbarkeit auch der Kostenentscheidung unbedingt zukommt, nämlich dann, wenn der Beklagte in der Hauptsache und zur Tragung der Kosten des Rechtsstreits verurteilt und das Urteil für vorläufig vollstreckbar erklärt wird.

Bei vorläufig vollstreckbaren Urteilen, welche den Beklagten in der Hauptsache und zur Tragung der Kosten des Rechtsstreits verurteilen, nimmt die Kostenentscheidung unter allen Umständen an der vorläufigen Vollstreckbarkeit des Hauptanspruchs teil; darüber herrscht Einigkeit. Streitig ist aber, ob Urteile, welche die eine Partei zu weiter nichts als zur Tragung der Kosten des Rechsstreits verurteilen, für vorläufig vollstreckbar zu erklären sind.[1] In Betracht kommen:

1. streitige Urteile, bei denen die Entscheidung über die Kosten des Rechtsstreits die einzige Entscheidung überhaupt ist;
2. Versäumnisurteile, die lediglich eine Verurteilung in die Kosten des Rechtsstreits aussprechen;
3. Urteile, die in der Hauptsache keine Verurteilung enthalten, aber dennoch den Beklagten zur Tragung der Kosten des Rechtsstreits verurteilen;
4. die klagabweisendeu, dem Kläger die Kosten des Rechtsstreits auferlegenden Urteile;
5. die klagabweisenden Urteile, die entweder den Beklagten ganz, oder aber beide Teile zur teilweisen Tragung der Kosten verurteilen;
6. Urteile, die trotz des Sieges des Klägers in der Hauptsache diesem einen Teil oder die ganzen Kosten des Rechtsstreits auferlegen.

§ 13.

Die Literatur über die Frage nach der vorläufigen Vollstreckbarkeit der Kostenentscheidung.

I. Der Boostsche Aufsatz in Wenglers Archiv von 1881.

Mit der Frage, wie es mit der vorläufigen Vollstreckbarkeit von Urteilen stehe, die lediglich eine Verurteilung zur Kostentragung aussprechen, beschäftigte sich zuerst eingehender ein Aufsatz Boosts in Wenglers Archiv.[2]

Boost vertritt die Meinung, die vorläufige Vollstreckbarkeit sei auch zu Gunsten des Beklagten als solchen eingeführt. Er hält es daher für möglich und unter Umständen für geboten, Urteile, die den Kläger zu weiter nichts als zur Tragung der

[1] Vgl. Forkel, Vorläufige Vollstreckbarkeit S. 4.
[2] Vgl. Wenglers Archiv 1881 S. 321 ff.

Prozeßkosten verurteilen, für vorläufig vollstreckbar zu erklären. Diese Ansicht wird nach Würdigung einer Anzahl möglicher Gegengründe folgendermaßen begründet:

1. § 708 Nr. 3 CPO. sei geflissentlich so allgemein gehalten, daß er auch den Kläger treffe. Diese Bestimmung werde in den Motiven zu § 345 CPO. als ein Korrektiv gegen die sonst zu befürchtende Verschleppung der Prozesse bezeichnet. Auch dem Kläger gegenüber habe man Bestimmungen für erforderlich gehalten, die ihn an der Prozeßverschleppung hindern sollten, die §§ 97, 278 Abs. 2, 374, 433 seien auch auf den Kläger anzuwenden. Dasselbe müsse von der Bestimmung des § 708 Nr. 3 angenommen werden.

2. Es würde die Bestimmung des § 708 Nr. 2 gegen die Gleichheit der Parteienrechte verstoßen, wenn man sie nicht auch gegen den Kläger gelten lassen wollte, da der Kläger im Falle seines Sieges sofort ein vorläufig vollstreckbares Urteil bekommen, der Beklagte aber im Falle der Klagabweisung um die Zwangsvollstreckung wegen der Kosten des Rechtsstreits einzuleiten, erst die Rechtskraft des Urteils abwarten müsse.

3. § 708 Nr. 5 ordne die vorläufige Vollstreckbarkeit gewisser gegen den Arrestkläger ergehender Urteile an, und beweise, daß es auch vorläufig vollstreckbare Urteile gegen den Kläger geben könne. Dasselbe könne auch aus dem § 708 Nr. 1 entnommen werden für den Fall, daß der Kläger seine Verpflichtung zur Tragung der Prozeßkosten anerkenne; es wird hierbei auf § 307 CPO. verwiesen. Die allgemeine Fassung der Bestimmungen in §§ 708 Nr. 2, 3, 4, 709, 710 spreche für die vertretene Ansicht; dagegen könne die einzige entgegenstehende Stelle des § 708 nicht ins Gewicht fallen.

4. Die vorläufige Vollstreckbarkeit in den Fällen des § 709 sei eingeführt, weil die rasche Erledigung der hier in Betracht kommenden Streitigkeiten für wünschenswert gehalten worden sei; dieser Grund treffe auch zu, wenn sich die Abweisung des Klägers notwendig mache.

5. Die Bestimmung in § 709 Nr. 4, welche von anderen vermögensrechtlichen Ansprüchen rede, dürfe auch auf den Kostenerstattungsanspruch des Beklagten gegen den abgewiesenen Kläger

für anwendbar erklärt werden, sie sei im weiteren Sinne aufzufassen und umfasse auch dasjenige mit, was die Parteien aus Anlaß der Prozeßführung in Gemäßheit der ergehenden Urteile einander zu leisten hätten. Die Vorschrift beziehe sich, wie nicht bezweifelt werde, soweit sie sich gegen den Beklagten richte, mit auf die Kosten, sie sei daher auch gegen den Kläger anzuwenden, wenn der Beklagte erkläre, daß er die Erstattung keines höheren Betrages als 300 Mark fordere.

6. § 717 Abs. 2 (gegenüber § 655 Abs. 2 in hier nicht wesentlichem Umfange verändert) stehe der vertretenen Ansicht nicht entgegen, wenn man ihn, wie zulässig, so verstehe, daß er nur die Fälle, in welchen die vorläufige Vollstreckbarkeit, weil sie sich auf den Anspruch und die Kosten beziehe, von größerer Wichtigkeit und Gefährlichkeit sei, behandele, ohne die Zulässigkeit der vorläufigen Vollstreckbarkeit dem Kläger gegenüber ausschließen zu wollen; so sei auch die von der Reichstagskommission gegebene Begründung zu § 655 Abs. 2 CPO. aufzufassen.

II. Die Abhandlung Hallbauers in Gruchots Beiträgen zur Erläuterung des deutschen Rechts.

Eine ganz andere Ansicht hinsichtlich der angeregten Streitfrage vertritt Hallbauer in einer im Jahre 1883 erschienenen Abhandlung.[1] Das Problem wird von ihm noch enger befaßt. Er beantwortet die Frage: „Ist ein den Kläger abweisendes und zur Tragung der Rechtsstreitskosten verurteilendes Erkenntnis auf Antrag des Beklagten bezüglich des Kostenpunktes für vorläufig vollstreckbar zu erklären, wenn die dem Beklagten zu erstattenden Kosten den Betrag von 300 Mark nicht übersteigen?“ — in verneinendem Sinne mit etwa folgender Begründung:

1. Die Entstehungsgeschichte des Gesetzes stütze die ausgesprochene Ansicht. Man habe, wie sich aus den Motiven zur Civilprozeßordnung (Hahn S. 141, 423, 425, 427—429) ergebe, die vorläufige Vollstreckbarkeit ausschließlich den verurteilenden Erkenntnissen zuweisen wollen.

Der allgemeine Grund für Schaffung des Rechtsinstituts der vorläufigen Vollstreckbarkeit sei ein doppelter. Es sei einmal

---

[1] Vgl. Gruchot, Beiträge XXVII S. 14 ff.

das Erfordernis einer energischen Realexekution, ein Gedanke, der lediglich auf die vorläufige Vollstreckbarkeit in der Hauptsache verurteilender Erkenntnisse hinweise. Ferner erscheine die vorläufige Vollstreckbarkeit als ein Korrektiv gegen eine lässige Prozeßführung, es solle verhindert werden, daß die erste Instanz zu einer bloßen Versuchsstation herabgedrückt werde, und daß eine Überbürdung der zweitinstanzlichen Gerichte einträte. Eine lässige Prozeßführung sei nur zu befürchten auf seiten des Beklagten, gegenüber dem Kläger sei daher ein derartiges Korrektiv überflüssig, und zwar um so mehr, als einem etwa vorhandenen Bedürfnisse schon die §§ 97 Abs. 2, 278 Abs. 2 und 374 vollauf Genüge leisteten.

Die Motive (Hahn S. 428, 429) erwähnten auch nur den Beklagten, der durch die vorläufige Vollstreckbarkeit genötigt werde, mit seinen Verteidigungsmitteln bereits in erster Instanz hervorzutreten.

Bezüglich der vorläufigen Vollstreckbarkeit der amtsgerichtlichen Urteile werde noch betont, daß diese Rechtsstreitigkeiten zu einem nicht geringen Teile schleuniger Erledigung bedürftig seien, und daß daher die Zwangsvollstreckung ihren Zweck verfehlen werde, wenn sie nicht sofort nach Erlassung des Urteils ins Werk gesetzt werden könne. Das Moment der Dringlichkeit stehe aber lediglich dem Anspruche des Klägers, nicht aber der Kostenerstattungsforderung des Beklagten zur Seite, die mehr als jede andere eine dilatorische Behandlung vertrage.

Die Begründung des Entwurfes ziehe eine Parallele zwischen der befürworteten vorläufigen Vollstreckbarkeit der amtsgerichtlichen Urteile und der Vollstreckbarkeit der vom Amtsrichter im Mahnverfahren erlassenen Vollstreckungsbefehle. Wenn man diese Analogie, wonach der im Amtsgerichtsprozeß siegreiche Kläger ebenso günstig gestellt sein solle, wie der Gläubiger im Mahnverfahren, der nach Ablauf der Widerspruchsfrist den Vollstreckungsbefehl erlange, weiter durchführe, so nötige gerade die Tatsache, daß der Mahnschuldner im Falle des Widerspruchs einen vollstreckbaren Anspruch auf Kostenerstattung erst im Urteil des Nachprozesses oder nach Ablauf der sechsmonatigen Frist des § 698 Abs. 2 erhalte, zu der Folgerung, daß auch der im Amtsgerichtsprozesse siegende Beklagte nicht schon mit dem Erlasse des Urteils einen Vollstreckungstitel für seine Kostenforderung erlangen sollte.

In der Reichstagsjustizkommission habe man die vorläufige Vollstreckbarkeit der amtsgerichtlichen Urteile lediglich als eine Prärogative des Klägers aufgefaßt, das sei zu schließen aus den Reden der Abgeordneten Bähr, Völk und von Amsberg. Derselbe Standpunkt sei auch bei Revision der zweiten Lesung des Entwurfes innerhalb der Kommission von dem Geheimen Oberjustizrat Kurlbaum und den Abgeordneten Gneist, Wolffson und Pfafferott[1] vertreten worden, er zeige sich aber deutlich in dem damals eingebrachten Antrage Struckmann und Genossen zu dem § 602a Nr. 4 des Entwurfes. Danach seien auf Antrag für vorläufig vollstreckbar zu erklären Urteile der Amtsgerichte, welche betreffen:

„Klagen über vermögensrechtliche Ansprüche, deren Gegenstand an Geld oder Geldeswert die Summe von 150 Mark nicht übersteigt.“

Aus jenem Antrag ergebe sich, daß die Hauptsache 150 Mark nicht übersteigen dürfe. Daß die Bestimmung aber auf klagabweisende Urteile auch bei Klagen mit 150 Mark nicht übersteigender Hauptsache keine Anwendung leide, ergebe sich aus dem Zweck des Stuckmannschen Antrages, der die Vorschrift des Entwurfes einschränken wollte. Da nun der Entwurf nur in der Hauptsache verurteilende Erkenntnisse im Auge habe, wie vielmehr müsse das von dem beschränkenden Struckmannschen Antrage gesagt werden.

Durch die späteren Änderungen der von Struckmann vorgeschlagenen Bestimmungen sei aber nichts in das Gesetz gekommen, woraus man auf die Möglichkeit schließen könne, daß auch klagabweisende Urteile vorläufig vollstreckbar seien.

2. Außer auf die Entstehungsgeschichte des Gesetzes gründet Hallbauer seine Meinung weiter darauf, daß er sagt, die Fälle des § 709 unter Nr. 1—3 seien unzweifelhaft nur auf Urteile, die in der Hauptsache verurteilend lauteten, zu beziehen.

[1] Vgl. Hahn S. 781, 798, 799, 1127—1129.

Denn die Dringlichkeit des verfolgten Anspruchs — der Grund für die Gewährung der vorläufigen Vollstreckbarkeit in diesen Fällen — treffe für den Kostenerstattungsanspruch des Beklagten nicht zu.

Da eine einengende Auslegung der Nrn. 1—3 des § 709 geboten sei, so könne dieselbe Art der Auslegung der Nr. 4 jenes Paragraphen nicht befremden, habe im Gegenteil die Wahrscheinlichkeit für sich.

3. Die Frage nach der Person des Vollstreckungsberechtigten ist nach HALLBAUERS Ansicht in den §§ 709, 710 als einheitlich geregelt zu denken. Es gehe dies aus den Materialien[1] hervor, aus denen sich auch ergebe, daß als Gläubiger und Vollstreckungberechtigter im Falle des § 710 nur der Kläger bez. der Widerkläger verstanden werden könne. Daher erscheine es gerechtfertigt, durch einengende Auslegung des § 709 Nr. 4 die erforderliche Konformität herzustellen.

4. Der Wortlaut des § 717 Abs. 2 CPO. wird als weiterer Beleg für die Richtigkeit seiner Ansicht von HALLBAUER ins Feld geführt.

In diesem Paragraphen habe der Gesetzgeber nur des Klägers als desjenigen gedacht, der durch die vorläufige Vollstreckbarkeit Rechte erlangen könne, und gegen den demgemäß der Erstattungsanspruch zu gewähren sei. Hätte der Gesetzgeber auch dem obsiegenden Beklagten eine Vollstreckungsbefugnis einräumen wollen, so hätte er konsequenterweise auch dem Kläger das Rückforderungsrecht des § 717 Abs. 2 einräumen müssen. Daraus, daß dies nicht geschehen sei, habe man zu schließen, daß eine vorläufige Vollstreckbarkeit zugunsten des Beklagten nicht vorkomme.

5. Die vorläufige Vollstreckbarkeit sei eine Ausnahme. Grundsätzlich werde in der CPO. nur aus rechtskräftigen Urteilen vollstreckt. Würde man klagabweisende und berufungsverwerfende Urteile auch für vorläufig vollstreckbar erklären, so würde ohne genügenden Grund die Ausnahme zur Regel, da in etwa 95 Prozent

---

[1] Vgl. HAHN S. 428, 429, 800—802.

sämtlicher Rechtsstreitigkeiten die dem Beklagten erwachsenen Kosten den Betrag von 300 Mark nicht überstiegen.

6. Um seine Ansicht weiter zu stützen, verweist HALLBAUER auf verschiedene Unzuträglichkeiten, die sich bei Vertretung der gegenteiligen Meinung herausstellen würden:

a. Da Urteile in Ehesachen nach § 704 Abs. 2 nicht für vorläufig vollstreckbar erklärt werden dürften, könne auch zugunsten des Beklagten eine vorläufige Vollstreckbarkeit klagabweisender Urteile in Ehesachen nicht stattfinden.

Der Kostenerstattungsanspruch des Beklagten sei aber in diesen Fällen ebensogut vermögensrechtlicher Natur, wie sonst. Es sei daher nicht einzusehen, warum er überall anderswo, nur gerade in Ehesachen nicht zu einem vorläufig vollstreckbaren Urteil führen könnte.

b. Die Kostenfestsetzung, die der Gesetzgeber durch die §§ 98—100 aus dem eigentlichen Rechtsstreit habe ausscheiden wollen, würde mit Notwendigkeit zum großen Teile in den Rahmen der Verhandlung hineingezogen, wenn man den § 709 Nr. 4 nicht restiktiv auslegte. Denn das Gericht müsse die Kosten schon vor Fällung des Urteils genau berechnen, es müsse sich erst darüber klar werden, ob der Gegenstand der Verurteilung, also der sich als begründet erweisende Teil, der Kostenforderung des Beklagten 300 Mark nicht übersteige, wenn nicht etwa der Beklagte von vornherein die Erklärung abgebe, daß er auf keinen Fall mehr als 300 Mark an Kosten erstattet verlange. Ein solches Resultat könne vom Gesetzgeber nicht gewollt sein.

c. Eine bedenkliche Häufung der Exekutionen sei die Folge der Auslegung des § 709 Nr. 4, die diese Bestimmung auch für den Kostenerstattungsanspruch des Beklagten verwerten wolle. Wenn der im Landgerichtsprozesse belangte Beklagte zunächst die Einrede der Unzuständigkeit des Gerichts vorschütze, damit in zwei Instanzen siege, während in dritter Instanz die Einrede verworfen werde, wenn ferner der Kläger zur Hauptsache ebenfalls in zwei Instanzen unterliege und erst in dritter Instanz ein siegreiches Urteil erlange, so müsse er sich nach der von HALLBAUER bekämpften Ansicht viermal vom Beklagten mit der

Vollstreckung wegen der Kosten heimsuchen lassen, im ganzen würden sechs Zwangsvollstreckungen und sechs Kostenfestsetzungsverfahren im Rahmen eines Prozesses sich ergeben.

Ein so ungeheuerliches Resultat könne der Gesetzgeber unmöglich gewollt haben.

7. Für eine Durchbrechung des Prinzips von der Gleichheit der Parteienrechte sprächen, so führt HALLBAUER noch aus, im Falle des § 709 Nr. 4 dieselben Gründe, die auch in anderen Fällen zu einer Durchbrechung dieses im allgemeinen anzuerkennenden Prinzips geführt hätten.

Es wird verwiesen auf die Bestimmungen in §§ 713 Abs. 2, 708 Nr. 1, 5, 6; 307, vgl. mit §§ 306, 279, 540 CPO., und es wird noch gesagt, daß auch eine buchstäbliche Auslegung des § 709 Nr. 4 das Prinzip von der Gleichheit der Parteienrechte nicht streng berücksichtige, da der Kläger bei einem Werte des Streitgegenstandes von nur wenig über 300 Mark die vorläufige Vollstreckbarkeit auf Grund von § 709 Nr. 4 CPO. nicht erlangen, während der Beklagte bei viel höherem Streitobjekt diese erreichen würde, dafern nur seine Kostenforderung den Betrag von 300 Mark nicht übersteige.

8. Endlich meint HALLBAUER in den Kommentaren von STRUCKMANN-KOCH und SIEBENHAAR für seine Ansicht eine Stütze zu finden, und auf STRUCKMANNS Ansicht deswegen viel Wert legen zu müssen, weil die fragliche Gesetzesstelle im wesentlichen einem Antrage dieses Kommentators ihr Dasein verdanke.

Nach alledem kommt HALLBAUER zu folgendem Ergebnis:

„Klagabweisende Urteile sind bezüglich der Rechtsstreitskosten schlechterdings nicht auf Antrag für vorläufig vollstreckbar zu erklären, also auch dann nicht, wenn die dem Beklagten zu erstattenden Kosten den Betrag von 300 Mark nicht übersteigen. Es folgt dies aus der Entstehungsgeschichte des Gesetzes, der ratio legis, dem prinzipiellen Standpunkt, den der Gesetzgeber in der Vollstreckbarkeitsfrage eingenommen hat, und aus verwandten Bestimmungen der Civilprozeßordnung.“ [1]

---

[1] Vgl. HALLBAUER bei GRUCHOT, Beiträge XXVII S. 14 ff. am Ende.

III. Die Gegenausführungen Auerbachs.

Im XXIX. Jahrgang der Beiträge zur Erläuterung des deutschen Rechts hat B. Auerbach, mit Bezugnahme auf die Hallbauersche Arbeit und deren Anordnung folgend, diese Punkt für Punkt zu widerlegen gesucht.[1]

1. Zunächst sagt Auerbach, man dürfe eine vom Wortsinn einer Gesetzesstelle abweichende Auslegung nur dann geben, wenn überzeugende und übermächtige Gründe dazu zwingen würden.

Eine derartige Notwendigkeit aus der Entstehungsgeschichte eines Gesetzes zu folgern sei mißlich, da diese bei der neuen parlamentarischen Art des Zustandekommens der Gesetze für deren Beurteilung und Auslegung wenig brauchbares Material in sich schließe, ein Gesetz müsse vor allen Dingen aus sich selbst heraus begriffen werden, am wenigsten aber dürften die Motive die Quelle von Ansichten bilden, die dem Wortlaut des Gesetzes widerstritten.

Was aber Hallbauer aus der Entstehungsgeschichte des Gesetzes für seine Meinung anführe, spreche nicht einmal besonders für diese. Die Gründe, daß der Gläubiger nicht ungebührlich lange aufgehalten und die erste Instanz nicht zur Versuchsstation herabgedrückt werden solle, träfen auch für den Fall, daß der Kläger in erster Instanz abgewiesen werde, zu. Hier werde der Beklagte Gläubiger, nämlich hinsichtlich der zu erstattenden Prozeßkosten. Der Kläger solle keine frivole Klage erheben, widrigenfalls er ebenso streng behandelt werde, wie der Beklagte, der es frivolerweise zum Prozeß kommen lasse.

Die §§ 91, 251, 339 CPO. hätten mit der Schleunigkeit der Vollstreckbarkeit als solcher nichts zu tun. Die Praxis zeige täglich, daß gerade der frivole Kläger die Befriedigung des Gegners wegen der Prozeßkosten auf jede Weise zu vereiteln suche, daher sei die Eile in dieser Beziehung nicht überflüssig. Es sei nicht wahr, daß nur der Kläger durch die Prozeßverschleppung gefährdet werden könne. Es sei für den Beklagten auch die Gefahr vorhanden, daß der Kläger verarme und ihm die Prozeßkosten und insbesondere für Beweisaufnahmen geleistete Vorschüsse

[1] Gruchot, Beiträge XXIX S. 615 ff.

nicht ersetzen könne, zumal ungerechtfertigte oder sehr zweifelhafte Prozesse oft von Personen angebracht würden, die unmittelbar vor dem Konkurse stünden. Nur der Beklagte sei gefährdet in Arrestsachen, Interventionssachen, Prozessen in der Vollstreckungsinstanz nach § 767 CPO. und in dem sogenannten Separatum nach dem Urkundenprozeß. — Daß der Kostenanspruch der Dringlichkeit ermangele, sei nicht zutreffend, da auch der Anwalt nicht Monate und Jahre die Kosten stunden könne, zumal immer die Gefahr der Verarmung seiner Partei, besonders im Falle des Unterliegens drohe. Die Analogie mit dem Mahnverfahren sei trügerisch, da dort, sobald der Beklagte widersprochen habe, keine Entscheidung ergehe und außerdem nur ganz geringfügige Kosten des Beklagten — in den meisten Fällen nur 10 Pf. Porto — in Frage kämen.

Daraus, daß in der Kommission Abgeordnete den Beklagten nicht erwähnt hätten, oder daß sich dies aus den Protokollen nicht ergebe, könne man nicht gegen den Wortlaut eines Gesetzes auf den Willen des Gesetzgebers schließen.

Der Antrag Struckmann lasse auch eine andere Deutung zu als die von Hallbauer gegebene. Es sei eben unrichtig, daß der frühere Antrag nur in der Hauptsache verurteilende Erkenntnisse im Auge gehabt habe.

Eine Verurteilung erfolge übrigens auch, wenn der Beklagte siege, dann bestehe diese in der Verurteilung des Klägers in die Kosten des Rechtsstreits.

2. Auerbach bestreitet, daß die Nrn. 1—3 des § 709 einengend auszulegen seien. Wenn auch zunächst der Gedanke der Dringlichkeit maßgebend gewesen wäre, so spräche doch nichts dagegen, daß das Gesetz auch dem Beklagten den Vorteil der vorläufigen Vollstreckbarkeit einräumen wollte. An anderen Stellen z. B. im § 708 Nr. 5 habe das Gesetz ausdrücklich nur mit Rücksicht auf den Beklagten eine Bestimmung getroffen, man sehe also, daß man sich der Konsequenzen ganz bewußt gewesen sei, im § 709 Nr. 1—3 habe man aber die allgemeine Fassung gewählt und nicht unterschieden, daher dürfe auch der Richter nicht unterscheiden.

Die Fälle in § 709 Nr. 2 u. 3 wiesen auf eine besonders

flottante Bevölkerung hin. Gerade solchen Leuten gegenüber sei es wichtig im Falle der Abweisung der Klage den Kostenerstattungsanspruch zur sofortigen Vollstreckung bringen zu können.

3. Daß im § 710 unter Gläubiger nur der Kläger und unter Schuldner nur der Beklagte zu verstehen sei, hält AUERBACH für durch nichts bewiesen und vertritt die Meinung, daß im § 710 und auch in den folgenden Paragraphen die allgemeinen Ausdrücke Gläubiger und Schuldner mit Vorbedacht gewählt seien, da auch der Beklagte als Vollstreckungsberechtigter gedacht werden könne. Man habe daher den § 709 Nr. 4 nicht einengend auszulegen, um die Konformität herzustellen; diese werde durch eine solche Auslegung nur zerstört.

4. Nach AUERBACH kann man aus dem Abs. 2 des § 717 nichts entnehmen, weil diese Bestimmung nicht von den Verfassern des Entwurfs redigiert, sondern auf einen Vorschlag des Abgeordneten VON FORÇADE ins Gesetz gekommen sei. Die Debatte habe sich nur darum gedreht, ob eine besondere Klage auf Rückerstattung notwendig sei, oder ob ein einfacher Antrag genügen solle, auf die Worte „Kläger“ und „Beklagter“ habe man nicht geachtet. Auf den ersten Blick stelle sich übrigens ja auch vorzugsweise der in erster Instanz siegreiche Kläger als derjenige dar, der nun die Hauptforderung mit Unrecht inne habe.

5. Zwar sei das Prinzip — so argumentiert AUERBACH weiter —, daß nur aus rechtskräftigen Urteilen vollstreckt werden solle, schulmäßig absolut richtig, aber nachdem das Gesetz so viele Ausnahmen, wie sie sich aus den §§ 708—710 ergäben, unzweifelhaft zugelassen habe, sei die vorläufige Vollstreckbarkeit praktisch doch der überwiegenden Mehrzahl von Urteilen eigentümlich. Man könne daher sagen, das Prinzip der geltenden Civilprozeßordnung sei:

Ansprüche bis 300 Mark sind auf Antrag sofort vollstreckbar. Darin sei ein genügender Grund zu erblicken, auch für klagabweisende Urteile die vorläufige Vollstreckbarkeit zuzulassen, wenn der Kostenerstattungsanspruch 300 Mark nicht übersteige.

6. Gegen den sechsten Grund HALLBAUERS äußert sich AUERBACH so:

Wenn Hallbauer anführe, die von ihm bekämpfte Ansicht ergäbe Resultate, die vom Gesetzgeber unmöglich gewollt sein könnten, so müsse man entgegnen:

a. Man habe in Ehesachen die pekuniären Fragen aus dem Scheidungsprozeß nach Möglichkeit entfernen wollen; hierzu habe man im Falle einer Klagabweisung ebensoviel Grund, wie im Falle der Verurteilung des Beklagten. Daher sei nicht verwunderlich, daß der Kostenerstattungsanspruch in Ehesachen eine besondere Behandlung erfahre.

b. Die zu berechnende Kostenforderung des Beklagten werde nur in den seltensten Fällen 300 Mark übersteigen, wenn aber Zweifel obwalteten, so könne man das Urteil für vorläufig vollstreckbar erklären, dafern der Beklagte nicht mehr als 300 Mark an Kosten erstattet verlange. Eine derartige Fassung des Urteils sei unbedenklich.

c. Ebenso wie das zweite, sei auch das dritte Bedenken von Hallbauer nicht durchschlagend:

Der von Hallbauer angeführte Fall werde äußerst selten vorkommen. Wenn auch die richterliche und anwaltliche Tätigkeit durch häufigere Exekutionen gesteigert werde, so sei das noch kein Grund, das Gesetz anders als seinem Wortlaut entsprechend auszulegen. Mehrere Kostenfestsetzungsverfahren würden sich nie vermeiden lassen. Auch die vom Gesetze begünstigten Teilurteile häuften die Exekutionen.

7. Prinzipiell, meint Auerbach, müsse man für Gleichheit der Parteienrechte plädieren. Dadurch, daß das Gesetz von diesem Prinzip hier und da Ausnahmen mache, werde noch nicht die Vermutung begründet, daß auch im Falle des § 709 Nr. 4 eine Ausnahme vorliege, zumal der Wortlaut dieser Bestimmung dagegen spreche. — Warum der in bezug auf nachträgliches Vorbringen von Angriffsmitteln dem Beklagten gegenüber bevorzugte Kläger nicht im Abweisungsfalle zur sofortigen Kostenzahlung zu verurteilen sei, während doch der Beklagte im umgekehrten Falle gleich alles bezahlen müsse, sei nicht einzusehen.

Selbst wenn auch Verzichtsurteile nicht für vorläufig vollstreckbar zu erklären wären, während Anerkenntnisurteile es seien, so ergäbe sich daraus nichts für Hallbauers Ansicht. Außerdem liege aber in jedem Verzicht ein Anerkenntnis, und meistens werde auch der Kläger seine Kostenpflicht anerkennen.

Die ungleiche Behandlung der Parteien beim Arrest liege in der Natur der Sache. Der Kläger könne den Arrest ja sofort vollstrecken, wenn er ihn erwirkt habe, es hätte deswegen keinen Sinn, ihm dies Recht im Urteil nochmals zuzusprechen, andererseits müsse aber der siegende Beklagte ein Mittel haben, um die bereits erfolgten Vollstreckungsmaßregeln wieder zu beseitigen. Die scheinbar ungleiche Behandlung, wonach der im ordentlichen Verfahren siegende Kläger bei einem Anspruch von über 300 Mark aus § 709 Nr. 4 keinen Vorteil habe, während ein solcher sich für den Beklagten im Falle der Klagabweisung ergebe, sei nicht als solche anzusehen. Bei einer Verurteilung bis zu 300 Mark solle eben das Urteil auf Antrag vorläufig vollstreckbar sein, einerlei, ob der Beklagte oder der Kläger verurteilt werde.

8. Als Stützen für seine Meinung beruft sich endlich Auerbach auf die Kommentare von Gaupp und Seuffert und meint, die Haltung von Struckmann-Koch in der in Betracht kommenden Frage sei eine zweifelhafte.

Nachdem Auerbach sämtliche von Hallbauer angeführte Gründe widerlegt zu haben glaubt, findet er noch weiter darin eine Bestätigung seiner Ansicht, daß die arrestaufhebenden Urteile, sowie ferner die in Interventions- und Vollstreckungsinstanzprozessen ergehenden Urteile abweisenden Inhalts nach ausdrücklicher Vorschrift des Gesetzes auch in der Hauptsache für vorläufig vollstreckbar zu erklären seien.

Weiter weist Auerbach noch darauf hin, daß für kleine Landleute, die als Beklagte Kosten zu fordern hätten, und für die in der ersten Instanz der Prozeß der Regel nach beendet sei, die Hallbauersche Ansicht ein viel komplizierteres unbequemes Verfahren zur Kosteneintreibung nötig mache, als die gegenteilige, und daß eine große Ungerechtigkeit darin liege, wenn bei teils abgewiesener, teils erfolgreicher Klage, der Kläger sofort die Kosten eintreiben könne, der Beklagte aber zur Geltendmachung seines möglicherweise viel höheren Erstattungsanspruchs erst die Rechtskraft des Urteils abwarten müsse.

Auerbach stellt sich aus allen dargelegten Gründen auf

den Standpunkt, auch klagabweisende Urteile seien für vorläufig vollstreckbar zu erklären, und zwar habe die Anordnung von Amts wegen zu erfolgen, falls die Voraussetzungen des § 708 zuträfen, im übrigen auf Antrag in den Fällen der §§ 700 ff. CPO.

IV. Die Stellungnahme JUSTS.

Im 68. Bande des Archivs für die civilistische Praxis hat sich sodann im Jahre 1885 JUST mit der Frage beschäftigt:

„Inwieweit sind Urteile, insbesondere auf Grund von § 709 Nr. 4 CPO. auf Antrag des Beklagten für vorläufig vollstreckbar zu erklären?“ —

JUST kommt zu dem Ergebnis, daß Urteile in den Fällen des § 709 No. 1—3 schlechthin, im Falle von § 709 No. 4 aber nur dann auf Parteiantrag für vorläufig vollstreckbar zu erklären seien, wenn der Hauptanspruch 300 Mark nicht übersteige; dabei sei es unerheblich, ob die Urteile dem Klagantrage ganz oder teilweise stattgäben oder klagabweisend lauteten.

Aus der Begründung, in der auf BOOSTS und HALLBAUERS Arbeiten Bezug genommen wird, ist folgendes zu erwähnen:

Man müsse die Motive sehr mit Vorsicht benutzen, sie dürften keinesfalls als ohne weiteres maßgebend für die Interpretation erachtet werden. In der zu erörternden Frage aber ließe sich aus den Motiven für die eine oder andere Ansicht überhaupt keine sichere Stütze gewinnen. Da der § 709 CPO. eine Ausnahmebestimmung enthalte, müsse er wohl streng, nicht aber gerade einengend interpretiert werden. Zu einer einengenden Auslegung dürfe man erst kommen, wenn mit Hilfe der grammatischen Interpretation sich die Zweifel über die Tragweite der betreffenden Vorschrift nicht beseitigen ließen. Der Wortlaut des Gesetzes in den Bestimmungen unter § 709 Nr. 1—3 sei aber ebenso wie in Nr. 2—4 des § 709 CPO. so allgemein, daß man diese Vorschriften sowohl auf den Kläger wie auf den Beklagten anwenden müsse: lege non distinguente nec nostrum est distinguere. Zu dieser Anschauung müsse auch das vorherrschende, wenn auch hier und da durchbrochene Prinzip von der Gleichheit der Parteienrechte führen.

Daß im § 655 CPO. alter Fassung nur von einem Erstattungsanspruch des Beklagten, nicht auch von einem solchen des Klägers die Rede ist, sucht Just auf zweierlei Art zu erklären:

1. In erster Linie meint Just, es habe einer entsprechenden Bestimmung für den Kläger nicht bedurft, da dieser, falls er in erster Instanz abgewiesen, in zweiter Instanz aber siegreich sei, schon durch das zweitinstanzliche Urteil einen Vollstreckungstitel erhalte, um die von ihm dem Beklagten etwa erstatteten Kosten wieder einzutreiben. Der Beklagte sei im umgekehrten Falle anders gestellt. Er habe in dem zweitinstanzlichen klagabweisenden Urteil wohl einen Titel zur Rückforderung seiner Prozeßkosten, nicht aber zur Rückforderung seiner in der Hauptsache gemachten Leistung. Daher sei die Vorschrift des § 655 CPO. für den Beklagten von Wichtigkeit, sie wolle ihm eine besondere Klage ersparen.

2. Möglicherweise, meint Just, liege im § 655 CPO. alter Fassung bloß ein redaktionelles Versehen vor; man habe bei Nachbildung des § 563 alter Fassung das Unpassende der Bezeichnung Kläger nicht bemerkt, die Bestimmung stamme ja auch nicht aus dem Entwurf, sondern sei erst später ins Gesetz gekommen. Man hätte besser „Gläubiger“ statt Kläger sagen sollen, eine Bezeichnung, die sonst im achten Buche der Civilprozeßordnung konsequent durchgeführt sei, wobei Gläubiger schlechthin immer den obsiegenden, Schuldner den unterliegenden Teil ohne Rücksicht auf die Parteirollen bezeichne.

Weiter ist Just nicht, wie Hallbauer, der Ansicht, daß im § 710 nur der Kläger als Vollstreckungsberechtigter gedacht sei; er glaubt, zu dieser Annahme sei weder ein äußerer noch ein innerer Grund vorhanden.

Zur Begründung seiner Meinung führt Just dann noch folgendes an:

Übereinstimmend mit Hallbauer müsse man sagen, daß die Prozeßkosten stets das Schicksal der Hauptsache teilen; es ergebe sich das schon aus § 704 Abs. 2 CPO. Nicht um seiner selbst willen werde in den Fällen des § 709 Nr. 1—3 der Kostenanspruch für vorläufig vollstreckbar erklärt, sondern nur deshalb, weil er in einem Rechtsstreit dieser bestimmten Art entstanden sei. Auch im Falle der Nr. 4 des § 709 sei es nur der Hauptanspruch, der darüber entscheide, ob dem Kostenanspruch die vorläufige Vollstreckbarkeit zukommen könne.

Daß die Bestimmung unter Nr. 4 analog mit den vorausgehenden Vorschriften auszulegen sei, müsse gefolgert werden, aus dem einleitenden Worte „Andere . . . . .", ferner aber auch aus der Verweisung auf die §§ 3—9 CPO. Insbesondere ergebe sich aus dem § 4 CPO., daß der reine Kostenerstattungsanspruch des Beklagten im Falle der Klagabweisung nicht zu den in Nr. 4 des § 709 getroffenen „anderen vermögensrechtlichen Ansprüchen" gehöre. Dieser Anspruch käme für die Wertsberechnung, weil er auch im Falle eines für den Kläger ungünstigen Prozeßausgangs Nebenforderung bliebe, gar nicht in Betracht, ein Gegenstand der Verurteilung, wie ihn § 709 Nr. 4 CPO. voraussetze, würde also bei dem erwähnten bloßen Kostenerstattungsanspruch gar nicht vorhanden sein. Die Vorschrift müsse daher auf den Hauptanspruch gedeutet werden; dieser müsse vermögensrechtlicher Art sein und dürfe 300 Mark nicht übersteigen, damit § 709 Nr. 4 anwendbar erscheine.

Der Wert des Streitgegenstandes müsse von Anfang an 300 Mark nicht übersteigen oder aber im Laufe des Prozesses auf diese Summe herabsinken. Unter Gegenstand der Verurteilung sei der Streitgegenstand zur Zeit der Urteilsfällung zu verstehen. Man müsse aber auch Gegenstand der Verurteilung nicht in genau buchstäblichem Sinne, sondern im Sinne von „Gegenstand der beantragten Verurteilung" fassen.

Diese Auslegung sei bei der nicht ganz deutlichen Sprechweise des Gesetzes statthaft, werde gestützt durch die Entstehungsgeschichte des Gesetzes und manche andere Gründe. Insbesondere werde bei entgegengesetzter Auffassung der Kläger, wenn das Streitobjekt über 300 Mark betrage, immer nur eventuell den Antrag auf Anordnung der vorläufigen Vollstreckbarkeit stellen können, es werde im Falle der Klagabweisung auch bei viel höherem Streitobjekt dem Beklagten, dessen Kostenforderung 300 Mark nicht überstiege, die vorläufige Vollstreckbarkeit zu gewähren sein, wodurch das Kostenfestsetzungsverfahren ganz gegen den Willen des Gesetzes in den Rahmen des Prozesses gezogen werde (§§ 104, 105 CPO.), es werde die Zwangsvollstreckung zersplittert, und es werde endlich ohne jeden Grund der zuvielfordernde Kläger, falls das Gericht nur 300 Mark seines Anspruchs für gerechtfertigt halte, noch durch die vorläufige Vollstreckbarkeit belohnt. Diese Erwägungen und der Gedanke, daß dem Beklagten bei einem 300 Mark übersteigenden, total unbegründeten Anspruch des Klägers, den aber die erste Instanz irrtümlich bis zu 300 Mark für begründet halte, durch die vorläufige Vollstreckbarkeit Unrecht geschehe, müßten zu der Annahme führen, daß für Berechnung des Gegenstandes der Verurteilung im Sinne von § 709 CPO. der klägerische Antrag unmittelbar vor der Urteilsfällung maßgebend sei.

So ist denn das Resultat der JUSTschen Untersuchungen das schon weiter oben angedeutete:

Wenn sich der Hauptanspruch innerhalb der Grenzen bis 300 Mark hält, so kommt es auf die Höhe der Kostenforderung nicht an. Übersteigt jedoch der Hauptanspruch 300 Mark, so ist auch im Klagabweisungsfalle die Kostenforderung des Beklagten nicht für vorläufig vollstreckbar zu erklären, auch wenn sie weit hinter 300 Mark zurückbleibt.

„So oft demnach der Kläger im Falle seines Obsiegs zum Antrage auf Erteilung der vorläufigen Vollstreckbarkeit berechtigt sein würde, so oft, aber auch nur so oft, ist es im entgegengesetzten Falle auch der Beklagte."

V. GMELINS Abhandlung.

Über die berührten Streitfragen aus der Lehre von der vorläufigen Vollstreckbarkeit schrieb sodann GMELIN eine längere Abhandlung, die in den Jahrbüchern der württembergischen Rechtspflege im Jahre 1893 erschien.[1]

Die Abhandlung sucht nachzuweisen, „daß aus prinzipiellen Gründen, die sich einerseits aus dem Begriff der vorläufigen Vollstreckbarkeit, andererseits aus dem Verhältnis der Kostenentscheidung zur Entscheidung in der Hauptsache ergeben, sämtlichen Urteilen, die nicht Leistungsurteile sind, vorläufige Vollstreckbarkeit auch im Kostenpunkt nicht zukommen kann."

---

[1] Vgl. Jahrbücher der württembergischen Rechtspflege, 5. Bd., S. 227 bis 252, veröffentlicht als Anhang II in GMELIN, Vollstreckbarkeit.

Der wesentliche Inhalt der GMELINschen Arbeit soll im folgenden wiedergegeben werden.

Zunächst stellt GMELIN den Begriff des Leistungsurteils fest. Er versteht im Anschluß an die bekannte, in WACHS Handbuch[1] gegebene Definition unter Leistungsurteilen die mit der Auflage zum Handeln, Dulden, Unterlassen verbundenen, das Recht zur zwangsweisen Veränderung des Zustandes begründenden Sentenzen. Während man, wenn nun einmal schematisiert werden muß, wohl am richtigsten tun würde, zu unterscheiden Leistungsurteile auf der einen und solche Urteile, die nicht Leistungsurteile sind, auf der anderen Seite, findet man bei GMELIN eine Dreiteilung in der Weise, daß Leistungsurteile, Feststellungsurteile und eine dritte Art von Urteilen nebeneinander gestellt werden, deren Wesen darin besteht, daß der von einer Partei begehrte Erfolg sofort mit Eintritt der Rechtskraft ohne Vollstreckungshandlung rechtswirksam hergestellt wird. Man hat diese letzte Art von Urteilen wohl Rechtsgestaltungs- oder auch Bewirkungsurteile genannt; als Typus dieser Gattung wird gewöhnlich das die Scheidung der Ehe aussprechende Urteil angeführt. Bei den nur deklaratorisch wirkenden Feststellungsurteilen ebenso wie bei den zuletzt erwähnten Urteilen, die einen konstitutiven Charakter haben, gibt es im Gegensatz zu den Leistungsurteilen nicht die Möglichkeit der Realisierung des Urteilsinhalts durch einen äußerlich hervortretenden Eingriff in die bestehenden tatsächlichen Verhältnisse. Überhaupt findet nur aus Leistungsurteilen eine Zwangsvollstreckung im eigentlichen Sinne statt.

Daraus folgert GMELIN, daß nur das Leistungsurteil die mögliche Grundlage des Vollstreckungsurteils und der Anordnung der vorläufigen Vollstreckbarkeit bilde.

Zur Begründung führt er etwa folgendes aus:

Die Zwangsvollstreckung aus dem Urteil eines ausländischen Gerichts finde nach der Vorschrift in § 722 CPO. nur statt, wenn ihre Zulässigkeit durch ein Vollstreckungsurteil ausgesprochen sei. Ein Vollstreckungsurteil sei aber nur dann zu erlassen, wenn das ausländische Urteil einen Ausspruch enthalte,

[1] Vgl. WACH, Handbuch, S. 12.

der nach den Bestimmungen des achten Buchs der Civilprozeßordnung zur Vollstreckung gebracht werden könne.[1] Vorbedingung für Erlassung des Vollstreckungsurteils sei demnach, daß das ausländische Urteil seiner Natur nach vollstreckbar sei.

Vollstreckbar bedeutet nach Gmelin nichts anderes als dasjenige, was vollstreckt werden kann oder darf.

Zum Beweise für die Richtigkeit dieser Begriffsbestimmung verweist Gmelin auf ähnliche Zusammensetzungen wie „klagbar", „anfechtbar", ferner zieht er die Motive S. 392 (Hahn S. 425) und den Sprachgebrauch des Gesetzes in Ausdrücken wie „vollstreckbare Ausfertigung", „vollstreckbare Entscheidung" in § 775 Nr. 1 und „vollstreckbare Urkunde", § 801 CPO. und § 22 EG. zur CPO. unterstützend heran.

Die entgegenstehende vom Reichsgericht[2] aufgestellte Ansicht, wonach der Ausdruck „vollstreckbar" ein Urteil nicht als vollstreckungsfähig, sondern lediglich als „gültig, rechtswirksam, unanfechtbar" kennzeichnet, wird von Gmelin als unhaltbar verworfen.

Das Gebilde der vorläufigen Vollstreckbarkeit beweise gerade, führt Gmelin weiter aus, daß Vollstreckbarkeit mit Unanfechtbarkeit nichts gemein habe. Es werde im Falle der vorläufigen Vollstreckbarkeit eines Urteils dem Gläubiger trotz bestehender Anfechtbarkeit gestattet, mit der Zwangsvollstreckung vorzugehen, während an der Gültigkeit und Rechtswirksamkeit des Urteils in seinen anderweiten Beziehungen nichts geändert werde.

Die vorläufige Vollstreckbarkeit sei nichts anderes, als die provisorisch erteilte Befugnis zur Zwangsvollstreckung, sie könne daher nur solchen Entscheidungen zukommen, die ihrer Natur nach einer Zwangsvollstreckung fähig seien, das heißt den Leistungsurteilen.[3]

---

[1] Vgl. RG. IX S. 372, 373.

[2] RG. XVI S. 420 ff.

[3] Bezüglich des Urteils eines ausländischen Gerichts, das die Verurteilung des Schuldners zur Abgabe einer Willenserklärung ausspricht (§ 894 CPO.) und nach inländischer Regelung nicht vollstreckt werden kann, sagt Gmelin, man müsse, obwohl eine vollstreckbare Entscheidung nicht vorliege, dennoch ein Vollstreckungsurteil gewähren. Tue man das

Nachdem Gmelin aus dem Begriff der vorläufigen Vollstreckbarkeit bewiesen zu haben glaubt, daß nur Leistungsurteile für vorläufig vollstreckbar zu erklären seien, sucht er denselben Beweis auch aus dem Verhältnis der Entscheidung in der Hauptsache zu der im Kostenpunkte zu führen. Die Kostenentscheidung für sich betrachtet, sagt Gmelin, habe einen der Vollstreckung fähigen Inhalt und gehöre zu den Leistungsurteilen. Dennoch seien Urteile in Ansehung des Kostenpunktes nicht unter allen Umständen für vorläufig vollstreckbar zu erklären.

Die lediglich den Kostenpunkt betreffenden Urteile mit Ausnahme der Versäumnisurteile seien sofort mit ihrer Verkündung rechtskräftig und daher nicht für vorläufig vollstreckbar zu erklären.

Im übrigen habe das Gesetz eine Bestimmung darüber, ob und wann bezüglich der Prozeßkosten die vorläufige Vollstreckbarkeit angeordnet werden dürfe, nicht aufgenommen, es sei daher für Beantwortung dieser Frage das innere Verhältnis von Hauptentscheidung und Kostenentscheidung maßgebend.

Dieses Verhältnis[1] aber sei dahin zu kennzeichnen, daß die Prozeßkosten jeder eigenen Selbständigkeit entbehren, daß der Kostenpunkt der Hauptsache gegenüber unselbständig und von ihr innerlich abhängig sei.

Das Abhängigkeitsverhältnis äußere sich folgendermaßen:

1. Die Pflicht zur Kostentragung sei nach der Civilprozeßordnung eine Folge des Unterliegens im Rechtsstreit;

2. bei Berechnung des Streitwerts kämen die Kosten regelmäßig nicht in Betracht;

3. die Kostenentscheidung sei nicht selbständig mit Rechtsmitteln angreifbar, das Rechtsmittel in der Hauptsache aber ergreife auch den Kostenpunkt;

---

nicht, so komme es auf eine Versagung des Rechtsschutzes überhaupt hinaus, da die Fiktionswirkung des § 894 CPO. für das ausländische Urteil nicht Platz greife.

Eine vorläufige Vollstreckbarkeit eines derartigen Urteils könne vorkommen, wenn die abzugebende Willenserklärung die unmittelbare Grundlage eines Eintrags in die öffentlichen Bücher bilde.

[1] Vgl. RG. X S. 310, 312.

4. die Frage der Kostenerstattungspflicht könne nicht den Gegenstand eines neuen selbständigen Prozesses bilden;

5. bei einer Berichtigung des Urteils in der Hauptsache könne auch die Kostenentscheidung entsprechend abgeändert werden.

Die Unselbständigkeit des Kostenanspruchs sei im Falle der Klagabweisung ganz dieselbe, wie im Falle der Verurteilung des Beklagten.

Aus dieser Unselbständigkeit aber habe man zu folgern:

1. Sei die vorläufige Vollstreckbarkeit gewissen Urteilen (z. B. Urteilen in Ehesachen) versagt, so treffe dies Verbot auch den Kostenpunkt.

2. Liege in der Hauptsache eine der Vollstreckung fähige Entscheidung vor, so nehme die Kostenentscheidung ipso jure an der vorläufigen Vollstreckbarkeit des Urteils teil, eine selbständige, das heißt von der Entscheidung in der Hauptsache abweichende Regelung der vorläufigen Vollstreckbarkeit der Kostenentscheidung komme nicht in Frage.

3. Eine vorläufige Vollstreckbarkeit der Kosten finde da nicht statt, wo in der Hauptsache eine solche nicht vorliege; die vorläufige Vollstreckbarkeit der Kostenentscheidung finde daher nur statt, wenn in der Hauptsache ein Leistungsurteil ergehe.

Dafür, daß die Civilprozeßordnung für Anordnung der vorläufigen Vollstreckbarkeit Vollstreckungsfähigkeit des Urteils in der Hauptsache stillschweigend voraussetze, lasse sich noch folgendes anführen:

1. Die Vorschriften des § 708 Nr. 1 und 6 ließen sich nur mit einer unbegreiflichen Nachlässigkeit des Gesetzgebers erklären, wenn man eine andere Ansicht vertrete. Verzichtsurteile und abweisende Urteile in Alimentenklagen seien in den genannten Bestimmungen nicht erwähnt, wo doch kein Grund vorliege, diesen Urteilen die vorläufige Vollstreckbarkeit zu versagen, wenn sie anderen klagabweisenden Urteilen zukomme.

2. Da der Kostenerstattungsanspruch zu den im § 709 Nr. 4 erwähnten anderen vermögensrechtlichen Ansprüchen nicht

gehöre,[1] so sei auch diese Bestimmung auffällig. Der klare Wortlaut verweise nur auf Urteile, die eine Verurteilung in der Hauptsache enthielten, und doch sei nicht einzusehen, warum die klagabweisenden Urteile im Falle des § 709 Nr. 4 anders behandelt werden müßten, als andere klagabweisende Urteile.

3. Die Vorschrift in § 708 Nr. 4 spräche ebenso wie die Motive und die ratio legis dafür, daß man sie nur auf der Klage stattgebende Erkenntnisse, demnach Leistungsurteile anzuwenden habe. Der Urkunden- und Wechselprozeß sei zugunsten des Klägers eingeführt. Es liege kein Grund vor, den Kläger im Falle der Abweisung ungünstiger zu stellen als im Falle der Abweisung im Ordinarium.

4. Da man annehmen müsse, das Gesetz gehe für alle Fälle der §§ 708, 709 von demselben Grundgedanken aus, so sei eine mit der unzweifelhaft richtigen beschränkenden Interpretation der unter Nr. 1—3 erwähnten Bestimmungen übereinstimmende Auslegung auch der übrigen Vorschriften, insbesondere der Nr. 1 bis 3 des § 709 CPO. geboten.

5. Die in § 708 Nr. 5 erwähnten Urteile seien in der Hauptsache vollstreckungsfähig, da in ihnen gleichzeitig gemäß § 776 CPO. die Verpflichtung des Gegners zur Rückgängigmachung der bereits vollzogenen Vellstreckungsmaßregeln ausgesprochen werde.

6. Im übrigen müsse das Bedürfnis nach einheitlicher Gesetzesauslegung entscheidend sein.

7. Auch die Tatsache, daß im § 717 Abs. 2 CPO. nur von einer Rückerstattungspflicht des Klägers, dagegen nicht von einer solchen des Beklagten die Rede sei, spreche für die vertretene Auffassung.

Die Entstehungsgeschichte des Gesetzes könne nichts Erhebliches zur Beseitigung der Zweifel beitragen. Die gegebene Auslegung bringe nur den dem Gesetze immanenten Grundgedanken seinem Wortlaute gegenüber zur Geltung, sie überschreite daher nicht die der Interpretation gezogenen Grenzen.

Als Konsequenzen seiner Ansicht spricht endlich Gmelin noch etwa folgendes aus:

---

[1] Vgl. Just, Civilist. Archiv Bd. 68 S. 133—134.

1. Falls beim völligen Obsieg des Klägers die Entscheidung in der Hauptsache zum einen Teil vorläufig vollstreckbares Leistungsurteil, zum anderen Teil anders geartet, z. B. Feststellungsurteil sei, so trete eine vorläufige Vollstreckbarkeit der Kostenentscheidung nicht ein. Dasselbe gelte, wenn ein Teil der Hauptentscheidung von Amts wegen für vorläufig vollstreckbar erklärt worden sei, bezüglich des anderen Teils aber der erforderliche Antrag fehle.

2. Bei quotenmäßiger Verteilung der Kosten sei die Kostenentscheidung nicht vorläufig vollstreckbar mit Ausnahme des Falles, wo der Beklagte auf die Vor-, der Kläger auf die Widerklage, jeder vorläufig vollstreckbar verurteilt werde.

3. Wenn Urteile über die Kosten allein als Versäumnisurteile ergingen, so habe sich die vorläufige Vollstreckbarkeit der Kostenentscheidung im Falle eines vorangegangenen Teilurteils über die Hauptsache nach der im Teilurteil getroffenen Entscheidung zu richten.

In den anderen Fällen erscheine ausnahmsweise der Kostenanspruch als ein selbständiger, als die allein noch entscheidungsbedürftige Hauptsache. Dann sei § 709 Nr. 4 anwendbar und das Urteil auf Antrag für vorläufig vollstreckbar zu erklären, vorausgesetzt, daß der Kostenanspruch 300 Mark nicht übersteige.

VI. Bemerkenswertes aus der sonstigen Literatur.

Von den übrigen Schriftstellern, die über die hier zu erörternde Frage sich verbreitet haben, ist noch besonders Forkel[1] zu erwähnen.

Im Anschluß an Hallbauer kommt Forkel zu dem Resultat, daß „die Entscheidung in Ansehung der Kosten des Rechtsstreits allemal dann nicht vorläufig vollstreckbar sein könne, wenn und soweit die eine Partei zu weiter nichts als zur Tragung der Kosten des Rechtsstreits verurteilt werde".

Im übrigen steht Forkel auf dem auch von Gmelin vertretenen, dem Reichsgericht[2] entgegengesetzten Standpunkt, daß nur solche Urteile für vorläufig vollstreckbar zu erklären seien,

---

[1] Vgl. Forkel, Vorläufige Vollstreckbarkeit.

[2] RG. XVI S. 421.

die ihrem Inhalt nach eine Zwangsvollstreckung hinsichtlich der Hauptsache gestatten. Auch hinsichtlich der Bedeutung des Wortes „vollstreckbar“ stimmt FORKEL mit GMELIN überein.

Es soll nun noch die Stellung WACHS und die der Kommentare zu den zu erörternden Fragen wenigstens angedeutet werden.

Über die Frage nach der vorläufigen Vollstreckbarkeit der Kostenentscheidung eines Urteils spricht sich WACH dahin aus, daß die Verurteilung im Kostenpunkt wohl als Accessorium der Verurteilung in der Hauptsache an der vorläufigen Vollstreckbarkeit der Hauptentscheidung teilnehme, daß jedoch die nackte Kostenverurteilung nie vorläufig vollstreckbar sein könne.[1]

Eigenartig stellen sich die Kommentare zur Civilprozeßordnung. Der Mehrzahl nach[2] halten sie die Bestimmung des § 709 Nr. 4 CPO. auf den Kostenerstattungsanspruch des Beklagten gegen den abgewiesenen Kläger nicht für anwendbar, da dieser Anspruch nicht als Gegenstand der Verurteilung im Sinne des Gesetzes aufgefaßt werden könne.

Grundsätzlich aber lassen die Kommentare[3] auch bei klagabweisenden und anderen Urteilen, die einen zur Zwangsvollstreckung geeigneten Inhalt der Hauptsache nach nicht haben, die vorläufige Vollstreckbarkeit zu.

Es wird die Ansicht vertreten, die Vollstreckbarkeit eines Urteils bedeute seine Fähigkeit, nicht nur die Grundlage der Zwangsvollstreckung im eigentlichen Sinne, sondern auch die anderer realer Urteilswirkungen zu bilden, die dann bei der vorläufigen Vollstreckbarkeit vorläufig einträten.

b) Entscheidung der Streitfragen.

§ 14.

Allgemeine Grundsätze.

Die wesentlichsten in der wissenschaftlichen Literatur vertretenen Anschauungen sind dargestellt oder wenigstens berührt

---

[1] Vorträge S. 303 Anm.

[2] Vgl. z. B. GAUPP-STEIN, Kommentar zu § 709 Nr. III, insbesondere auch Note 5.

[3] Vgl. z. B. GAUPP-STEIN, Kommentar, Anm. 1 zu § 708 unter 3.

worden. Es soll nunmehr zu den in Betracht kommenden Fragen selbständig Stellung genommen werden.

Eigenartig und interessant ist es, zu beobachten, wie vielfach abweichende und verschiedenartige Meinungen sich über die vorliegenden, scheinbar so einfachen Fragen haben bilden können.

Erwägt man das Für und Wider der einzelnen Ansichten, so ist es schwer, sich einer Meinung voll anzuschließen, denn überall trifft man auf gewichtige Argumente. Es gilt jedoch, wenn anders man zu einer einwandfreien Entscheidung kommen will, immer festzuhalten, daß es sich um Gesetzesauslegung handelt und daß daher in erster Linie der Wortlaut der einzelnen Gesetzesstellen maßgebend ist. Nur gewichtige Gründe, die sich aus allgemeinen, das Gesetzeswerk unzweifelhaft durchziehenden Prinzipien ergeben, dürfen zu einer aus dem Wortlaut nicht unmittelbar hervorgehenden beschränkenden oder erweiternden Auslegung führen, vorausgesetzt, daß man nicht anzunehmen gezwungen ist, jene Prinzipien hätten durch die betreffenden Bestimmungen ausnahmsweise durchbrochen werden sollen.

Sorgfältige Betrachtung des Gesetzestextes ist eins der wichtigsten Erfordernisse; ohne sie wird man nicht zum Ziele gelangen. Dabei werden verwandte und scheinbar einander widersprechende gesetzliche Bestimmungen nebeneinander und miteinander zu betrachten sein, damit man leitende Gesichtspunkte und dadurch wieder neue Stützen für die Auslegung der einzelnen Vorschriften gewinne.

Zunächst sollen daher die Gesetzesparagraphen, die für die zu erörternden Fragen von besonderer Wichtigkeit sind, genau ins Auge gefaßt werden.

§ 15.

Der § 708 CPO.

Der § 708 CPO. führt sechs Fälle an, in denen Urteile auch ohne Antrag, also von Amts wegen für vorläufig vollstreckbar zu erklären sind. Es handelt sich

1. um die „Urteile, welche auf Grund eines Anerkenntnisses eine Verurteilung aussprechen“.

Dabei wird verwiesen auf § 307 CPO.

Daraus und aus dem Wortlaut der Nr. 1 des § 708 CPO. geht deutlich hervor, daß hier nur Urteile in Frage kommen können, deren materielle Grundlage das in der mündlichen Verhandlung erfolgte Anerkenntnis einer Partei ist, das Anerkenntnis eines gegen diese Partei geltend gemachten Anspruchs, zu dessen Befriedigung die Partei eben, weil sie ihn als berechtigt anerkannt hat, auf den gegnerischen Antrag hin zu verurteilen ist. Der Regelfall ist die Verurteilung des Beklagten zu der vom Kläger geforderten Leistung. Es ist jedoch zu berücksichtigen, daß die Bestimmung ebensogut Anwendung leidet, wenn der Kläger in der Rolle des Widerbeklagten einen vom Beklagten als Widerkläger geltend gemachten Anspruch anerkannt hat.

Weiter erhebt sich die Frage: Kann auch ein Urteil unter die Bestimmung des § 708 Nr. 1 fallen, in dem der Kläger, ohne daß Widerklage erhoben wäre, zur Tragung der Kosten des Rechtsstreits verurteilt wird? — Denkbar ist hier zunächst der Fall der Klagrücknahme in der mündlichen Verhandlung, wenn der Kläger die Erklärung abgibt, er erkenne an, zur Tragung der Kosten des Rechtsstreits verpflichtet zu sein. Auf Antrag des Beklagten ist in diesem Falle die Verpflichtung des Klägers zur Tragung der Kosten des Rechtsstreits durch Urteil auszusprechen. (Vgl. § 271 CPO.). Das Urteil erfüllt jedoch nicht die Voraussetzungen des § 708 Nr. 1 CPO. Man kann nicht sagen, die Verurteilung erfolge auf Grund eines Anerkenntnisses, die Verurteilung erfolgt vielmehr auf Grund der Klagrücknahme. Durch die Tatsache der Klagrücknahme wird die Verpflichtung zur Kostentragung schon begründet. Da man nun nicht wohl in der Rücknahme bereits ein Anerkenntnis der Verpflichtung zur Tragung der Kosten des Rechtsstreits erblicken kann, ergibt sich, daß die oben bezeichneten Urteile nicht auf Grund von § 708 Nr. 1 CPO. von Amts wegen für vorläufig vollstreckbar zu erklären sind.

Ferner ist der Fall des vom Kläger in der mündlichen Verhandlung erklärten Verzichts auf den Anspruch zu betrachten (§ 306 CPO.). Hier ist der Kläger auf Grund des Verzichts auf Antrag des Beklagten mit dem Anspruch abzuweisen. Die Folge ist nach § 91 CPO. die Verurteilung in die Kosten. Erkennt in einem solchen Falle der Kläger seine Kostenpflicht an, so erscheint seine Verurteilung wiederum nicht als Folge des Anerkenntnisses, sondern vielmehr als Folge des Verzichts. Man wird demnach auch in einem solchen Falle nicht den § 708 Nr. 1 anwenden können.

Ebenso ist es zu beurteilen, wenn der auf Grund von § 93 CPO. kostenfällige Kläger seine Verpflichtung anerkennt.

Besonders geartet aber ist der Fall, in dem eine Entscheidung in der Hauptsache nicht ergeht, die Hauptsache vielmehr durch Vergleich oder auf andere Weise ohne Klagrücknahme oder Verzicht erledigt wird, so daß die Kosten den einzig entscheidungsbedürftigen Teil des Rechtsstreits bilden. Die Kosten sind hier gewissermaßen zur Hauptsache geworden. Jede Partei beansprucht Verurteilung der anderen in die Kosten. Die Parteirollen verwischen sich; jeder ist in gewissem Sinne Kläger. Das Anerkenntnis einer Partei ist in diesem Falle in Wahrheit die materielle Grundlage der Verurteilung in die Kosten. Die Voraussetzungen der Anwendbarkeit des § 708 Nr. 1 CPO. sind an sich gegeben. Es kann bei dieser Sachlage auch keinen Unterschied machen, ob der Kläger oder der Beklagte seine Kostenpflicht anerkennt.

Zu beachten ist jedoch, daß die Bestimmung im § 99 Abs. 3 CPO. eingreift, und daß das Urteil in diesem Falle auch ohne Erklärung der vorläufigen Vollstreckbarkeit gemäß § 794 Nr. 3 CPO. als Vollstreckungstitel erscheint, aus dem sogar eine definitive Zwangsvollstreckung möglich ist. Zum mindesten wird daher die vorläufige Vollstreckbarkeit praktisch wertlos. Ob die Erklärung überhaupt zulässig ist, darüber soll noch bei Besprechung der Nr. 4 des § 709 CPO. gehandelt werden.[1]

Mag nun in dem zuletzt berührten Fall sich die Möglichkeit einer vorläufigen Vollstreckbarkeit auch einer gegen den Kläger gerichteten Entscheidung ergeben oder nicht, so wird man damit einen sicheren Anhalt für Lösung der zu erörternden Hauptfrage noch auf keine Weise gewinnen. Den ganz besonders gearteten Fall, in dem die Kosten gewissermaßen als Hauptsache erscheinen,

[2] Vgl. S. 89 ff., 91 dieser Abhandlung.

kann man nicht ohne Recht als Ausnahme ansehen, und man muß es als unrichtig ablehnen, irgendwelche Schlußfolgerungen auf die allgemeine Regelung daraus zu ziehen. Andererseits würde, wenn man annimmt, die Nr. 1 des § 708 CPO. ermögliche unter keinen Umständen, daß ein vorläufig vollstreckbares Urteil gegen den Kläger ergehe, damit auch noch nichts gewonnen sein. Es wäre ja denkbar, daß aus anderen Bestimmungen die Möglichkeit vorläufig vollstreckbarer Urteile gegen den Kläger sich ergäbe, selbst wenn sie auf Grund von § 708 Nr. 1 CPO. nicht eintreten könnte.

2. § 708 bestimmt unter Nr. 2 folgendes:

„Auch ohne Antrag sind für vorläufig vollstreckbar zu erklären Urteile, welche den Eintritt der in einem bedingten Endurteile ausgedrückten Folgen aussprechen."

Nach dem Wortlaut des Gesetzes ist ein Unterschied in keiner Weise zu machen, mag nun das Läuterungsurteil den Beklagten verurteilen oder auf Abweisung der Klage lauten, mag es Leistungsurteil sein oder nicht.

3. Auch im Falle des § 708 Nr. 3 drückt sich das Gesetz ganz allgemein aus. Nach dieser Bestimmung ist auch ohne Antrag für vorläufig vollstreckbar zu erklären:

„ein zweites oder ferneres in derselben Instanz gegen dieselbe Partei zur Hauptsache erlassenes Versäumnisurteil."

Es handelt sich nicht nur um den Fall, in welchem der Einspruch, den eine Partei gegen ein Versäumnisurteil eingelegt hat, verworfen wird, weil diese in der darauffolgenden Verhandlung wieder säumig ist. Bei dieser Sachlage würde wegen § 345 CPO. ein ferneres z. B. drittes Versäumnisurteil in derselben Instanz gar nicht ergehen können. Getroffen werden vielmehr durch die Bestimmung des § 708 Nr. 3 CPO. auch alle die Fälle, in denen zunächst Einspruch eingelegt, im darauffolgenden Termin zur Hauptsache verhandelt, darauf aber wieder Versäumnisurteil ergangen ist usw.

In diesen Fällen, wo theoretisch in derselben Instanz unzählige Male ein Versäumnisurteil ergehen und ebenso oft Einspruch eingelegt werden kann — der § 345 CPO. greift nicht ein —, ist gerade die Bestimmung in § 708 Nr. 3 von besonderer Wichtigkeit.

Wiederum aber ist aus dem Wortlaut des Gesetzes nicht zu ersehen, ob es nur auf Leistungsurteile oder auch auf anders geartete, insbesondere ob es auf klagabweisende Urteile Anwendung findet. Jedenfalls schließt der Gesetzestext die zuletzt erwähnten Urteile nicht von der vorläufigen Vollstreckbarkeit aus.

4. Ähnliches gilt für die Nr. 4 des § 708 CPO.

Es kommt hier insbesondere auch nicht darauf an, ob das Urteil ein Vorbehaltsurteil ist oder nicht. Es genügt nach dem Wortlaute des Gesetzes, damit die vorläufige Vollstreckbarkeit von Amts wegen anzuordnen sei, schon der Umstand, daß das in Frage kommende Urteil im Urkunden- oder Wechselprozeß erlassen wird.

5. Besonders geartet ist die Nr. 5 des § 708, die folgenden Wortlaut hat:

„Auch ohne Antrag sind für vorläufig vollstreckbar zu erklären: Urteile, durch welche Arreste oder einstweilige Verfügungen aufgehoben werden.“

Das Wort aufheben muß hier in weitestem Sinne verstanden werden. Schon eine teilweise Aufhebung, oder eine Abänderung ist genügend, schon das Abhängigmachen des Arrestes von einer Sicherheitsleistung des einen oder anderen Teils bedingt die Anwendbarkeit des § 708 Nr. 5.

Die durch § 708 Nr. 5 CPO. getroffenen Urteile haben einen zur Zwangsvollstreckung im eigentlichen Sinne geeigneten Inhalt nicht, oder wenigstens nicht unter allen Umständen. Zunächst ist sehr wohl denkbar, daß ein aufhebendes Urteil im Sinne von § 708 Nr. 5 CPO. ergeht, obwohl es zu einer Vollziehung des aufgehobenen Arrestes oder der einstweiligen Verfügung noch gar nicht gekommen ist. Dann bietet das aufhebende Urteil zu gar keinen Vollstreckungshandlungen Anlaß. Die angeordnete vorläufige Vollstreckbarkeit kann sonach lediglich prohibitiv wirken. Anders liegt jedoch der Fall, wenn bereits Vollstreckungshandlungen auf Grund des Arrestes erfolgt sind, die nunmehr auf Grund von §§ 775, 776 CPO. rückgängig gemacht werden sollen. Das Rückgängigmachen von Vollstreckungsmaßregeln bedingt eine Zwangsvollstreckung. Deutlich ausgesprochen aber findet sich in der vorliegenden Bestimmung, daß die vorläufige

Vollstreckbarkeit sich auch gegen den Kläger in seiner Eigenschaft als Arrestkläger oder gegen den Antragsteller im Falle der einstweiligen Verfügung richten kann.

6. Dagegen kehrt die letzte Bestimmung des § 708 ihre Spitze zweifellos gegen den Beklagten:

„Urteile, welche die Verpflichtung zur Entrichtung von Alimenten oder zur Entrichtung einer nach den §§ 843, 844 BGB.s geschuldeten Geldrente aussprechen, soweit die Entrichtung für die Zeit nach der Erhebung der Klage und für das der Erhebung der Klage vorausgehende letzte Vierteljahr zu erfolgen hat —"

sind ohne Antrag für vorläufig vollstreckbar zu erklären.

Der allgemeine Ausdruck Alimente, gestattet die Vorschrift auf die verschiedenartigsten Unterhaltsforderungen anzuwenden. Es ist gleichgültig, ob Gesetz oder Vertrag den Entstehungsgrund der Forderung bildet.[1] Die nach §§ 843, 844 BGB.s geschuldeten Geldrenten und — das war früher kontrovers — auch die Rentenforderungen des Verletzten und Dritter aus dem Reichshaftpflichtgesetz sind durch § 708 Nr. 6 hinsichtlich ihrer Vollstreckbarkeit begünstigt, wie sich aus Art. 42 EG. zum BGB. ergibt. Es sollen Rentenforderungen in möglichst weitem Umfang getroffen werden.

Zusammenfassend ist über den § 708 CPO. folgendes zu sagen:

Für die Ansicht, die vorläufige Vollstreckbarkeit sei lediglich ein Privileg des Klägers, klagabweisende Urteile könnten unter keinen Umständen vorläufig vollstreckbar sein, findet man in den Bestimmungen des § 708 keine Stütze. Die Nrn. 1—4 ermöglichen bei ihrer Allgemeinheit keinen sicheren Schluß, die Vorschrift unter Nr. 5 scheint gegen die bezeichnete Ansicht, die Nr. 6 aber wieder dafür zu sprechen.

§ 16.

Der § 709 CPO.

I. Während der § 708 CPO. die Fälle behandelt, in denen der Richter von Amts wegen die vorläufige Vollstreckbarkeit

---

[1] Vgl. Gaupp-Stein, Kommentar zu § 708 Nr. 6; Forkel, Vorläufige Vollstreckbarkeit.

anzuordnen hat, beschäftigt sich der § 709 mit Urteilen, die auf Antrag einer Partei vom Richter für vorläufig vollstreckbar erklärt werden müssen. Über den Zeitpunkt, in dem dieser Antrag gestellt werden muß, und über seine Form ist noch an anderer Stelle[1] zu sprechen. Es mag hier nur hervorgehoben werden, daß wenn einmal dieser Antrag in gehörigerweise gestellt ist, es nicht von dem richterlichen Ermessen abhängt, ob dem Antrage zu entsprechen sei oder nicht, sondern, daß dem Antrage stattgegeben werden muß.

Über die einzelnen Vorschriften des § 709 CPO. ist folgendes zu sagen:

1. § 709 Nr. 1:

„Urteile sind auf Antrag für vorläufig vollstreckbar zu erklären, wenn sie betreffen — Streitigkeiten zwischen dem Vermieter und dem Mieter oder Untermieter von Wohnräumen oder anderen Räumen oder zwischen dem Mieter und dem Untermieter solcher Räume wegen Überlassung, Benutzung oder Räumung, sowie wegen Zurückhaltung der von dem Mieter oder dem Untermieter in die Mietsräume eingebrachten Sachen."

Wenn hier ohne Rücksicht auf den Wert des Streitgegenstandes auf einfachen Antrag die vorläufige Vollstreckbarkeit des Urteils uneingeschränkt anzuordnen ist, so erklärt sich dies aus der ratio legis, die dahin geht, eine schleunige Erledigung dieser einer schnellen Entscheidung bedürftigen Streitigkeiten, die eben deshalb auch den Amtsgerichten zugewiesen (§ 23 GVG.) und Feriensachen sind (§ 202 GVG.), zu ermöglichen. Es mag insbesondere hervorgehoben werden, daß nicht der Streit wegen Mietzinses der erwähnten Bestimmung unterliegt, sondern daß eben nur Überlassung, Benutzung, Räumung und das sogenannte Perklusionsrecht des Vermieters beziehentlich Mieters gegen Mieter und Untermieter, nicht etwa auch Streitigkeiten wegen Zahlung des Mietzinses in Frage kommen.

2. § 709 Nr. 2:

„Urteile sind auf Antrag für vorläufig vollstreckbar zu erklären, wenn sie betreffen — Streitigkeiten zwischen Dienstherrschaft

---

[1] Vgl. S. 110 ff. dieser Abhandlung.

und Gesinde, zwischen Arbeitgebern und Arbeitern hinsichtlich des Dienst- oder Arbeitsverhältnisses, sowie die im § 3 Abs. 1 des Gesetzes, betreffend die Gewerbegerichte vom 29. Juli 1890 (Reichs-Gesetzblatt S. 141) bezeichneten Streitigkeiten, insofern dieselben während der Dauer des Dienst-, Arbeits- oder Lehrverhältnisses entstehen."

Die Bestimmung ist klar und einfach, der Zweck der Anordnung der vorläufigen Vollstreckbarkeit auch hier schleunige Erledigung des Rechtsstreits.

3. Bei der Nr. 3 des § 709 CPO. tritt der erwähnte Gesichtspunkt noch deutlicher hervor. Die Bevölkerung, um die es sich hier handelt, ist keine seßhafte, sie ist in Bewegung; um so wichtiger erscheint schnelle Abwicklung des Prozesses.

§ 709 Nr. 3:

„Urteile sind auf Antrag für vorläufig vollstreckbar zu erklären, wenn sie betreffen — Streitigkeiten zwischen Reisenden und Wirten, Fuhrleuten, Schiffern, Flößern oder Auswanderungsexpedienten in den Einschiffungshäfen, welche über Wirtszechen, Überfahrtsgelder, Beförderung der Reisenden und ihrer Habe und über Verlust und Beschädigung der letzteren, sowie Streitigkeiten zwischen Reisenden und Handwerkern, welche aus Anlaß der Reise entstanden sind."

Mag besonders im letzterwähnten Falle auch der Kostenerstattungsanspruch des Beklagten dringlicher sein als in Prozessen über anders geartete Rechtsverhältnisse, die Rücksicht auf ihn dürfte den Gesetzgeber kaum bestimmt haben, in den unter 1. bis 3. besprochenen Fällen die vorläufige Vollstreckbarkeit auf Parteiantrag anzuordnen, vielmehr ist der Hauptanspruch und seine Dringlichkeit maßgebend gewesen. Immerhin berechtigt diese Erwägung noch nicht zu dem Schlusse, daß klagabweisende Urteile der in § 709 Nrn. 1—3 bezeichneten Art nicht für vorläufig vollstreckbar erklärt werden dürften, da doch der Gesetzestext keinen Anhalt für diesen Schluß gibt.

II. Die Nr. 4 des § 709 CPO.

Wohl die wichtigste Bestimmung für die hier zu erörternden Streitfragen ist die Nr. 4 des § 709 CPO. Sie hat folgenden Wortlaut:

„Urteile sind auf Antrag für vorläufig vollstreckbar zu erklären, wenn sie betreffen — andere vermögensrechtliche Ansprüche, sofern der Gegenstand der Verurteilung an Geld oder Geldeswert die Summe von 300 Mark nicht übersteigt; in betreff des Wertes des Gegenstandes kommen die Vorschriften der §§ 3—9 zur Anwendung.“

Bei den kleineren, in der Hauptsache zur amtsgerichtlichen Zuständigkeit gehörigen Streitigkeiten soll die Vollstreckung nicht ungebührlich lange aufgehalten werden. Das ist der Grundgedanke dieser Vorschrift.

Die entscheidungsbedürftige Frage bei Auslegung dieser Gesetzesstelle ist folgende: Findet die Vorschrift des § 709 Nr. 4 Anwendung auf den Kostenerstattungsanspruch des Beklagten im Falle gänzlicher oder teilweiser Klagabweisung, oder falls dem Kläger aus sonstigen Gründen sämtliche oder die Kosten teilweise auferlegt werden, und ferner, ist die Bestimmung anwendbar in Fällen, wo eine Entscheidung in der Hauptsache überhaupt nicht ergeht, und nur über die Rechtsstreitskosten durch Urteil entschieden wird?

Daß der Kostenerstattungsanspruch des Beklagten vermögensrechtlicher Natur ist, bedarf kaum näherer Begründung, richtet er sich doch gegen das Vermögen des Klägers, ist er doch aus diesem Vermögen zu befriedigen![1] Der Umstand, daß dieser Anspruch im Urteilstenor meistens nicht genau beziffert ist, und daß es in der Regel noch eines besonderen Kostenfestsetzungsverfahrens bedarf, ist in dieser Hinsicht bedeutungslos. Der Kostenerstattungsanspruch würde demnach als vermögensrechtlicher unter die Bestimmung des § 709 Nr. 4 fallen.

Aber es ist zu erwägen, ob nicht die Worte „Gegenstand der Verurteilung“ und die Verweisung auf die §§ 3—9 in betreff des Wertes des Gegenstandes die Anwendbarkeit der erwähnten Bestimmung auf den Kostenerstattungsanspruch des Beklagten ausschließen.

Trotz der glänzenden Ausführungen Justs[2] darüber, was

---

[1] Vgl. Gaupp-Stein, Kommentar zu § 1 CPO. I 1.

[2] Vgl. Civ. Archiv Bd. 68 S. 123 ff.

man unter Gegenstand der Verurteilung im § 709 Nr. 4 zu verstehen habe, trotz Würdigung der Entstehungsgeschichte des Gesetzes, bei Berücksichtigung auch des § 714 CPO. und der Konsequenzen einer buchstäblichen Auslegung des § 709 Nr. 4 CPO. kann man sich doch nicht verhehlen, daß die Auslegung „Gegenstand der Verurteilung" sei gleichbedeutend mit, „Gegenstand der beantragten Verurteilung", mit dem Wortlaut des Gesetzes nicht in Einklang zu bringen ist. Es muß eine Verurteilung vorliegen, und zwar können die Kosten allein deren Gegenstand gemeiniglich nicht bilden. Nach § 4 Abs. 1 CPO. bleiben bei der Wertsberechnung Kosten unberücksichtigt, wenn sie als Nebenforderungen geltend gemacht werden. Nebenforderung aber bleibt der Prozeßkostenerstattungsanspruch ebensogut im Falle der Klagabweisung, wie in dem der Verurteilung des Beklagten.

Demnach ist im Falle der Klagabweisung ein Gegenstand der Verurteilung im eigentlichen Sinne überhaupt nicht vorhanden, der § 709 Nr. 4 daher nicht anwendbar. Denn man kann ein Argumentieren in der Weise, daß die Kosten dennoch den Gegenstand der Verurteilung darstellten, wenn sie auch für die Wertsberechnung außer Betracht bleiben müßten, um so weniger billigen, als gerade der Wert des Gegenstandes der Verurteilung für die Anwendbarkeit des § 709 Nr. 4 von ausschlaggebender Bedeutung ist.

Nur in einem Falle werden die Kosten des Rechtsstreits gewissermaßen zur Hauptforderung. Das ist der bereits bei der Besprechung des § 708 Nr. 1[1] erwähnte Fall, in dem sich die Hauptsache ohne Urteil erledigt, und als allein entscheidungsbedürftiges Streitobjekt die Kosten des Rechtsstreits übrig beiben. Hier werden die Kosten wohl zweifellos als Gegenstand der Verurteilung aufzufassen sein.

Daß bei dieser Sachlage die Anordnung der vorläufigen Vollstreckbarkeit praktisch wertlos ist, wurde schon bei anderer Gelegenheit[1] ausgeführt. Es ist insoweit unerheblich, ob man es mit einem Anerkenntnis-, einem streitigen oder einem Versäumnisurteil zu tun hat. Man hat das Urteil in diesem Falle mit Rücksicht auf § 99 Abs. 3 CPO. und auf § 794 Nr. 3 als Voll-

---

[1] Vgl. S. 84 dieser Abhandlung.

streckungstitel, wenn auch nicht nach § 704, so doch nach § 794 CPO. anzusehen.

Die Zwangsvollstreckung kann sofort beginnen, da die sofortige Beschwerde hier keine aufschiebende Wirkung hat (§ 572 CPO.), und ist endgültig. Das Urteil ist zwar nicht rechtskräftig mit seiner Verkündung, wohl aber ist es sofort vollstreckungsfähig, auch ohne für vorläufig vollstreckbar erklärt zu sein. Eine einzige Zwangsvollstreckung ist aber aus einem Urteil nur denkbar, und man muß hier der die Regel bildenden Zwangsvollstreckung nach allgemeinen Grundsätzen vor der Ausnahmeerscheinung der vorläufigen Vollstreckbarkeit den Vorzug geben. Man wird die Erklärung der vorläufigen Vollstreckbarkeit bei den bezeichneten Urteilen wohl für unzulässig halten müssen. Eine Gesetzesstelle kann man freilich zur Begründung dieser Ansicht nicht ins Feld führen. Die Sache liegt jedoch ähnlich wie bei Urteilen, die gleich mit der Verkündung rechtskräftig sind; mit Bezug auf beide Fälle könnte man wohl sagen: superflua nocent.

Wie bereits angedeutet worden ist, sind auch Versäumnisurteile wegen der Kosten allein nach Erledigung der Hauptsache ohne Urteil bezüglich der vorläufigen Vollstreckbarkeit ebenso zu beurteilen wie die gleichartigen kontradiktorischen Kostenurteile. Auch diese Versäumnisurteile sind für den nicht säumigen Teil mit sofortiger Beschwerde angreifbar, es findet die Zwangsvollstreckung aus ihnen vor Eintritt der Rechtskraft statt, und eine vorläufige Vollstreckbarkeit gibt es bei ihnen nicht. Eine recht bestrittene und schwierige Frage ist jedoch bei den bezeichneten Versäumnisurteilen, ob auch der säumige Teil die sofortige Beschwerde hat oder nur den Einspruch, oder aber, ob vielleicht der Einspruch durch die Bestimmung des § 99 überhaupt ausgeschlossen und unzulässig sei. Aus der Tatsache, daß die Prozeßkostenfrage im ersten Buche der Civilprozeßordnung erschöpfend geregelt ist, und daß die dort getroffenen Bestimmungen für alle in den nachfolgenden Büchern der Civilprozeßordnung behandelten Verfahrensarten, demnach auch für das Versäumnis- und Einspruchsverfahren maßgebend sind, möchte man schließen, daß der Einspruch bei der bezeichneten Sachlage nicht zulässig sei, da der § 99 CPO. in diesem Falle dem § 338 CPO. vorgehen müsse, und was von der Anfechtung durch Rechtsmittel gelte, auch für den im allgemeinen analog zu behandelnden Einspruch zutreffend sei. Allein auch die Vorschriften über das Versäumnisverfahren sind ganz besonderer Natur und schließen unter Umständen die Anwendbarkeit sonst allgemein geltender Bestimmungen für die Fälle, in denen sie eingreifen, aus.

Einzige Voraussetzung für die Zulässigkeit des Einspruchs ist nach § 338 CPO., daß ein Versäumnisurteil gegen eine Partei ergangen ist. Zweck des Einspruchs ist Beseitigung der Versäumnisfolgen, weiter nichts. Man kann daher mit Recht bezweifeln, daß in der Einlegung des Einspruchs gegen ein Urteil eine Anfechtung im Sinne von § 99 CPO. gelegen ist.[1] Der Einspruch gegen ein Urteil der bezeichneten Art erscheint daher wohl als zulässig. Damit ist aber die ganze Frage entschieden. Die Civilprozeßordnung gibt zur Beseitigung einer Entscheidung entweder ein Rechtsmittel oder einen Rechtsbehelf, nicht aber beides. Insbesondere ist für das Versäumnisverfahren festzustellen: Hat eine Partei den Einspruch, so hat sie kein Rechtsmittel, sondern den Einspruch ausschließlich.[2] Demnach ist die Sachlage folgende: Der nicht säumige Teil hat die sofortige Beschwerde, der säumige den Einspruch.

Faßt man nun das, was sich aus der Betrachtung des § 709 Nr. 4 CPO. ergibt, zusammen, so zeigt sich, daß diese Bestimmung eher gegen als für die Ansicht zu sprechen scheint, auch klagabweisende Urteile seien auf Antrag des Beklagten wegen der Kosten für vorläufig vollstreckbar zu erklären. Immerhin wäre denkbar, daß diese Ansicht in anderen Vorschriften der Civilprozeßordnung eine Stütze fände, wenn schon man den § 709 nicht für sie ins Feld führen könnte.

§ 17.

Der § 710 CPO. und sonstige in Betracht kommende gesetzliche Bestimmungen.

I. In weiterem Umfange als die vorausgehenden Paragraphen ermöglicht der § 710 CPO. die Anordnung der vorläufigen Voll-

[1] Vgl. RG. XIII S. 327 ff.

[2] Vgl. Wach, Vorträge, S. 192.

streckbarkeit. Urteilen, die auf Grund von §§ 708, 709 CPO. nicht für vorläufig vollstreckbar erklärt werden können, kann diese Eigenschaft auf Grund von § 710 CPO. unter Umständen beigelegt werden. Freilich genügt da nicht ein einfacher Parteiantrag, es wird etwas mehr gefordert.

Nach § 710 CPO. sind

„Urteile auf Antrag für vorläufig vollstreckbar zu erklären, wenn glaubhaft gemacht wird, daß die Aussetzung der Vollstreckung dem Gläubiger einen schwer zu ersetzenden oder schwer zu ermittelnden Nachteil bringen würde, oder wenn sich der Gläubiger erbietet, vor der Vollstreckung Sicherheit zu leisten."

Aus dem Wortlaut des Paragraphen läßt sich für die hier zu erörternde Frage kaum Entscheidendes schließen. Wenn jedoch Gaupp-Stein[1] und andere die Meinung vertreten, der Beklagte könne im Falle der Klagabweisung wegen seines Anspruchs auf Kostenerstattung die vorläufige Vollstreckbarkeit des Urteils gemäß § 710 CPO. begehren, so gewährt der Gesetzeswortlaut gar keinen Anhalt für die Richtigkeit dieser Meinung, ja er spricht sogar dagegen. Auf schwachen Füßen steht eine Argumentation, die sagt, der allgemeine Ausdruck „Gläubiger" deute mit Notwendigkeit darauf hin, daß sowohl der Beklagte, wie der Kläger die vorläufige Vollstreckbarkeit begehren könnte, wird doch der Ausdruck Gläubiger im achten Buche der Civilprozeßordnung oft genug gebraucht, wo zweifellos nur der Kläger gemeint sein kann; umgekehrt, lediglich für den Beklagten kommt die Bezeichnung „Gläubiger" niemals vor.[2]

Der § 710 CPO. kann sonach keinesfalls mit Erfolg zur Begründung der Ansicht herangezogen werden, auch dem Beklagten komme die vorläufige Vollstreckbarkeit zugute, wenn man auch kein wesentliches Material für die gegenteilige Meinung aus dieser Vorschrift gewinnen mag. Über die Vorschrift ist im übrigen nicht viel zu sagen: Was zur Glaubhaftmachung erforderlich und genügend sei, entscheidet das Gericht. Über die zur Glaubhaft-

[1] Vgl. Kommentar zur CPO. § 709 Nr. 4.

[2] Vgl. übrigens auch Forkel, Vorläufige Vollstreckbarkeit S. 7 unter 5.

machung geeigneten Mittel äußert sich das Gesetz selbst im § 294. — Der schwer zu ersetzende oder schwer zu ermittelnde Nachteil unterliegt der freien Würdigung des Gerichts. Schon das Erbieten des Gläubigers ist genügend, um seinem Antrage den Erfolg zu sichern, falls im übrigen die Voraussetzungen des § 710 gegeben sind.

II. Von übrigen Gesetzesvorschriften sind noch die §§ 717, 895 CPO. verb. mit § 25 GBO. und der § 704 CPO. von Wichtigkeit. HALLBAUER[1] und die meisten, die sich seiner Ansicht angeschlossen haben, legen mehr Gewicht auf den § 717, als dieser schon an anderer Stelle ausführlich behandelte Paragraph verdient. Mit Recht haben AUERBACH und andere darauf hingewiesen, daß bei Berücksichtigung der Entstehungsgeschichte des Gesetzes auf die Worte „Kläger" und „Beklagter" im § 717 an Stelle der im achten Buch der Civilprozeßordnung sonst üblichen allgemeinen Ausdrücke „Gläubiger" und „Schuldner" nicht entscheidendes Gewicht gelegt werden darf.

Möglich ist, daß man über dem häufigeren und zunächst ins Auge springenden Fall den selteneren, in dem der Beklagte erstattungspflichtig wird, vergessen hat, denn es ist schwerlich anzunehmen, daß für diesen minder wichtigen Fall nur der Weg der Widerklage oder einer neuen Klage offen gelassen werden sollte. Jedenfalls aber ist diese Bestimmung allein kaum ausreichend, um die Kontroverse, ob klagabweisende Urteile hinsichtlich der Kosten für vorläufig vollstreckbar erklärt werden können oder nicht, nach der einen oder anderen Richtung zu entscheiden.

Die Ansicht, welche die vorläufige Vollstreckbarkeit klagabweisender und solcher Urteile, die nicht Leistungsurteile sind, ablehnt, ist gegründet auf den von ihren Verfechtern mit Zähigkeit festgehaltenen Begriff der Vollstreckbarkeit eines Urteils, als seiner Fähigkeit, die Grundlage der Zwangsvollstreckung im eigentlichen Sinne des Wortes zu bilden.

Die §§ 894, 895 CPO. verb. mit § 25 GBO. und § 103 RG. über die Angelegenheiten der freiwilligen Gerichtsbarkeit zeigen,

[1] Vgl. die früher erwähnte Abhandlung in GRUCHOTS Beiträgen.

daß das Gesetz auch Urteile, die zur Abgabe einer Willenserklärung verurteilen, der Vollstreckbarkeitserklärung für fähig hält. Eine Zwangsvollstreckung aus diesen Urteilen aber ist ausgeschlossen. (§ 894 CPO.).

Der bereits früher erwähnte § 708 Nr. 5 ordnet die vorläufige Vollstreckbarkeit aufhebender Entscheidungen von Amts wegen an. Aus den §§ 775 und 868 CPO. ergibt sich, daß das Gesetz gewisse Entscheidungen, die andere aufheben, als vollstreckbar bezeichnet; im § 704 CPO. wird vom Gesetz ausdrücklich ausgesprochen, daß Urteile in Ehesachen — fast sämtlich Nichtleistungsurteile — und in Rechtsstreitigkeiten, welche die Feststellung des Rechtsverhältnisses zwischen Eltern und Kindern zum Gegenstande haben, nicht für vorläufig vollstreckbar erklärt werden dürfen.

Diese Tatsachen scheinen gegen die Richtigkeit der Ansicht zu sprechen, die Vollstreckbarkeit eines Urteils bedeute dessen Fähigkeit, Grundlage der Zwangsvollstreckung zu sein, sie scheinen vielmehr auf einen weiter zu fassenden Begriff der Vollstreckbarkeit zu deuten.

Diese Bestimmungen in Verbindung mit der allgemeinen Fassung der §§ 708, 709 CPO. könnten scheinbar die Ansicht stützen, auch Erkenntnisse, die nicht zu einer Leistung im eigentlichen Sinne verurteilen, seien der vorläufigen Vollstreckbarkeit fähig.

Mit Rücksicht auf ähnliche Erwägungen treten unter anderen auch Gaupp-Stein[1] für die vorläufige Vollstreckbarkeit der erwähnten Urteile ein. Es wird dort folgendes gesagt:

„Die Civilprozeßordnung zeige deutlich, daß die Vollstreckbarkeit in ihrem Sinne auch andere Wirkungen mit umfasse, die an sich, im Sinne des theoretischen Begriffes nicht Zwangsvollstreckung seien. Für die Auslegung des Gesetzes bilde aber auch sein erweislicher Irrtum die unverbrüchliche Norm, wenn er in dem Inhalte des Gesetzes zum Ausdruck gekommen sei."

Der Logik dieser Ausführungen kann man sich nicht verschließen. Immerhin wird man zu einer anderen Ansicht gelangen,

---

[1] Vgl. Kommentar zur CPO. Vorbemerkung III zum achten Buche.

wenn man erwägt, daß die Fälle, welche die Meinung zu stützen scheinen, auch andere Urteile als Leistungsurteile seien für vorläufig vollstreckbar zu erklären, ganz besonders geartete Ausnahmefälle sind.

Wenn jemand zur Abgabe einer Willenserklärung verurteilt wird, so ist, wie GMELIN[1] durchaus zutreffend sagt, das Urteil seiner inneren Natur nach zu den Leistungsurteilen gehörig. Theoretisch wäre eine Zwangsvollstreckung aus einem derartigen Urteile durchaus möglich. Das Gesetz hat aber in diesem Falle als Surrogat der Zwangsvollstreckung eine Fiktion eingeführt aus einem leicht ersichtlichen Grunde. Die Anwendung von Zwang würde den Gläubiger nur aufhalten und den Schuldner ohne Not belästigen.[2] Es ist aber nicht einzusehen, warum das Gesetz nicht in einem Falle, in dem doch ein Anspruch auf ein Handeln geltend gemacht wird, wie im vorliegenden, wo es sich um das im Wege der Klage ausgesprochene Verlangen handelt, daß der Gegner eine Willenserklärung abgebe, Einrichtungen analog anwenden sollte, die an sich nur bei einer wahrhaft praktisch durchgeführten Zwangsvollstreckung angewandt werden, dafern derartige Einrichtungen zweckdienlich und nützlich sind. Wenn man auf eine Zwangsvollstreckung im eigentlichen Sinne verzichtete, weil man den Gläubiger nicht ungebührlich lange aufhalten wollte — die Dringlichkeit gerade derartiger Ansprüche leuchtet von selbst ein —, so erscheint es als durchaus natürlich, daß man das so praktische und in anderen Fällen so ausgiebig angewandte Institut der vorläufigen Vollstreckbarkeit auch hier dem Gläubiger nutzbar machen wollte. Freilich konnte in diesem besonderen Falle auch die vorläufige Vollstreckbarkeit nicht wahrhafte Vollstreckungsmaßregeln nach sich ziehen, — darauf wird eben wegen der Untunlichkeit einer wirklichen Zwangsvollstreckung durchaus verzichtet —, aber es wird schon an den Erlaß eines für vorläufig vollstreckbar erklärten Urteils eine Fiktionswirkung geknüpft, welche die Sicherung des Rechtes des Klägers im Auge hat.

---

[1] Vgl. die weiter oben erwähnte Abhandlung in den Württembergischen Jahrbüchern Bd. 5.

[2] Vgl. GAUPP-STEIN, Kommentar zur CPO. zu § 894.

Weiter sind auch die Bestimmungen in § 708 Nr. 5 und den §§ 775 und 808 CPO. besonders geartet. Es ist bereits bei Erläuterung des § 708 Nr. 5 darauf hingewiesen worden, daß bei Durchführung des arrestaufhebenden Urteils Vollstreckungshandlungen zwar nicht notwendigerweise vorkommen müssen, immerhin aber doch vorkommen können. Übrigens gibt es auch sonst noch Urteile, die andere Urteile aufheben und gleichzeitig zu neuen Vollstreckungshandlungen Anlaß bieten, man denke nur an die Fälle, in denen Versäumnisurteile gegen den Beklagten aufgehoben werden und gleichzeitig der Kläger auf die Widerklage hin verurteilt wird. Man wird zwar hiergegen einwenden können, daß man es in diesen Fällen nicht schlechthin mit aufhebenden Entscheidungen zu tun habe, sondern daß noch etwas hinzukomme, und daß nur dieses Plus die Bezeichnung der Entscheidung als einer vollstreckbaren zu rechtfertigen vermöge. Sieht man aber auch von derartigen Entscheidungen ab, die außer der Aufhebung noch die Verurteilung zu einer Leistung aussprechen, und fragt man nach dem eigentlichen Zweck der vorläufigen Vollstreckbarkeit beim arrestaufhebenden Urteil oder auch z. B. bei dem in der Praxis vorwiegend für vorläufig vollstreckbar erklärten Urteil, das auf Grund der Widerspruchsklage aus § 771 CPO. die Unzulässigkeit der Zwangsvollstreckung ausspricht, so ergibt sich zweierlei:

Einmal soll die vorläufige Vollstreckbarkeit prohibitiv wirken. Der Arrestkläger oder der Beklagte im Falle der Widerspruchsklage soll gehindert werden, weitere Vollstreckungshandlungen zu bewirken. Ferner aber ist der Zweck der vorläufigen Vollstreckbarkeit, die sofortige Beseitigung der bereits erfolgten Vollstreckungsmaßregeln durchzuführen. Daß die erfolgten Vollstreckungsmaßregeln beseitigt werden sollen, kommt zwar nicht immer im Urteilstenor zum Ausdruck; dennoch aber wird von der Partei die Beseitigung begehrt und praktisch auch erreicht. Mag nun auch das Urteil nach § 708 Nr. 5 CPO. seiner äußeren Form nach nicht Leistungsurteil, mag es Feststellungsurteil sein, so steht es jedenfalls seiner inneren Bedeutung nach den Leistungsurteilen sehr nahe. Auch sind die Wirkungen, die sich an ein arrestaufhebendes Urteil knüpfen, einer eigentlichen Zwangsvollstreckung so ähnlich, daß eine analoge Anwendung von Einrichtungen, die an sich nur bei Leistungsurteilen vorkommen und auf Durchführung der Zwangsvollstreckung im eigentlichen Sinne des Wortes abzielen, bei den Urteilen nach § 708 Nr. 5 CPO. durchaus nicht verwunderlich erscheinen kann.

Faßt man schließlich noch die Bestimmung im Abs. 2 des § 704 CPO. ins Auge, wonach Urteile in Ehesachen und in Rechtsstreitigkeiten, welche die Feststellung des Rechtsverhältnisses zwischen Eltern und Kindern zum Gegenstande haben, nicht für vorläufig vollstreckbar erklärt werden dürfen, so läßt sich auch aus dieser Vorschrift nichts Entscheidendes folgern. Es ist gar nicht so unwahrscheinlich und undenkbar, daß in einem Gesetze etwas nochmals ausdrücklich ausgesprochen wird, was sich schon aus seinen allgemeinen Prinzipien ergeben würde. Unter den Klagen in Ehesachen aber befindet sich, abgesehen von der Klage auf Scheidung, bei der nach älterem Rechte auch Zwangsmaßregeln in Frage kommen, eine, die sicher eine Erzwingung der Leistung als denkbar erscheinen läßt, die Klage auf Herstellung des ehelichen Lebens. Und wenn auch das Gesetz in Beziehung auf diese Klage im § 888 nochmals ausdrücklich bestimmt, daß eine Zwangsvollstreckung aus ihr nicht stattfinde, so läßt sich doch nicht leugnen, das gerade mit Rücksicht auf diese Klage die Vorschrift in § 704 CPO. für die Praxis von Bedeutung ist. Man kann mit gutem Recht hier sagen: Superflua non nocent.

§ 18.

Schlußausführungen.

Die Betrachtung der gesetzlichen Bestimmungen, die sich über die einzelnen Fälle der vorläufigen Vollstreckbarkeit äußern, hat zu einer entscheidenden Antwort auf die Frage: Sind nur Leistungsurteile oder sind auch anders geartete Urteile, und insbesondere sind Urteile, die lediglich zur Tragung der Kosten des Rechtsstreits verurteilen, der vorläufigen Vollstreckbarkeit fähig? — nicht geführt. Keine Vorschrift gibt es, die mit klaren Worten ausspräche, daß nur Leistungsurteile für vorläufig vollstreckbar zu erklären seien, aber es gibt auch keine Vorschrift, die ausdrücklich und schlechthin bestimmte, auch Feststellungs- und andere Nichtleistungsurteile seien der vorläufigen Vollstreckbarkeit fähig.

Es bleibt daher nichts anderes übrig, als zu versuchen, aus dem Begriff der vorläufigen Vollstreckbarkeit heraus zu einer Entscheidung zu gelangen.

Die vorläufige Vollstreckbarkeit ist als eine Eigenschaft gewisser Civilurteile bezeichnet worden, die es ermögliche, auf Grund dieser Urteile vor Eintritt der Rechtskraft die Zwangsvollstreckung zu betreiben. Bietet nun ein Urteil seinem Inhalte nach zu Vollstreckungshandlungen gar keinen Anlaß, so wäre es sinn- und zwecklos, es für vorläufig vollstreckbar zu erklären. Das Reichsgericht hat zwar dem Ausdruck „vollstreckbar“ eine andere Bedeutung als die sich aus dem in dieser Abhandlung[1] vertretenen Vollstreckbarkeitsbegriff ergebende, beilegen zu müssen geglaubt, indem es sagt,[2] „vollstreckbar“ bedeute nicht soviel wie „vollstreckungsfähig“, das heißt zur Zwangsvollstreckung geeignet, dieser Ausdruck kennzeichne vielmehr ein Urteil nur als „gültig“, „rechtswirksam“, „unanfechtbar“.

Diese Meinung kann nicht gebilligt, und zu ihrer Widerlegung mag auf die durchaus zutreffenden Ausführungen Gmelins[3] verwiesen[4] werden. Das Reichsgericht hat in einer früheren

---

[1] Vgl. S. 4 dieser Abhandlung.

[2] Vgl. RG. XVI S. 420 ff.

[3] Vgl. die weiter oben erwähnte Abhandlung in den Württembergischen Jahrbüchern.

[4] Es mag nicht unerwähnt bleiben, daß das Ergebnis, zu welchem das Reichsgericht in der Entscheidung Bd. XVI S. 420 ff. kommt, durchaus zu billigen ist, daß nämlich das Vollstreckungsurteil für einen zur Abgabe einer Willenserklärung verurteilenden Schiedsspruch zu gewähren sei, ebenso wie das Vollstreckungsurteil auch für ein ausländisches Urteil dieses Inhalts nicht aus dem Grunde versagt werden darf, weil das betreffende Urteil nach inländischem Recht zu Vollstreckungshandlungen keinen Anlaß bietet. Wollte man das Vollstreckungsurteil nicht gewähren, so würde das in beiden Fällen auf Verweigerung des Rechtsschutzes gegenüber dem Gläubiger hinauskommen; denn die in § 894 CPO. bestimmte Fiktionswirkung tritt in keinem der beiden Fälle ein.

Daß hier das Vollstreckungsurteil gewährt werden muß, beweist aber

Entscheidung[1] einmal den Gedanken zum Ausdruck gebracht, der Umstand, daß ein Urteil für vorläufig vollstreckbar erklärt sei, gestatte einen Rückschluß darauf, daß man es nicht mit einem Feststellungsurteile zu tun habe. Hier zeigt sich eine vollkommen gegensätzliche Auffassung der Dinge gegenüber der in der späteren Entscheidung hervortretenden. Der vom Reichsgericht in der erwähnten früheren Entscheidung angedeutete Gesichtspunkt ist der natürliche, dem Wortsinn des Wortes „vollstreckbar“ und dem Gesetze entsprechende; er führt zu dem auch von Gmelin[2] und hier vertretenen Vollstreckbarkeitsbegriffe. Dieser Begriff aber läßt sich trotz der angeführten besonders gearteten Ausnahmefälle, die ihn auf den ersten Blick zu trüben geeignet sind, aufrecht erhalten; vereinzelte, zudem leicht verständliche Inkonsequenzen in der Ausdrucksweise des Gesetzes vermögen an dem eigentlichen Wesen eines Begriffs nichts zu ändern.

Aus dem Begriff der vorläufigen Vollstreckbarkeit aber ist zu folgern, daß nur solche Urteile für vorläufig vollstreckbar erklärt werden dürfen, die eine Zwangsvollstreckung im eigentlichen Sinne ihrem Inhalte nach ermöglichen. Das sind aber nur die Urteile, die eine Verurteilung zu einer Leistung aussprechen, und zwar eine Verurteilung nicht nur hinsichtlich der Kosten des Rechtsstreits — in diesem Sinne wäre jedes inländische Urteil der Zwangsvollstreckung fähig —, sondern eine Verurteilung hinsichtlich der Hauptsache, des eigentlichen Streitgegenstandes. Daraus ergibt sich aber weiter, daß die vorläufige

---

nicht, daß das Wort „vollstreckbar“ eine andere Bedeutung als die von „vollstreckungsfähig“ habe, daß es nicht darauf ankomme, ob der Schiedsspruch zu Vollstreckungshandlungen Anlaß biete oder nicht, und daß das Vollstreckungsurteil in allen Fällen zu erteilen sei, damit der Schiedsspruch die vollen Wirkungen eines rechtskräftigen gerichtlichen Urteils erhalte.

Vielmehr liegt der innere Grund, weswegen man in dem in der erwähnten Reichsgerichtsentscheidung behandelten Fall das Vollstreckungsurteil zu geben hat, in der eigenartigen Natur gerade des zur Abgabe einer Willenserklärung verurteilenden Erkenntnisses, das seinem Wesen nach einem Leistungsurteil gleichsteht (vgl. die früher erwähnte Gmelinsche Abhandlung und RG. IX S. 369 ff.).

[1] Vgl. RG. XIV S. 416, 417.

[2] Vgl. dessen weiter oben erwähnte Abhandlung.

Vollstreckbarkeit sich in jedem Falle gegen den Beklagten oder Widerbeklagten, nie aber gegen den Kläger als solchen richtet. Insbesondere mag noch hervorgehoben werden, daß Feststellungsurteile, die klagabweisenden und alle Urteile, die eine Partei zu weiter nichts als zur Tragung der Kosten des Rechtsstreits verurteilen, auch wenn sie Versäumnisurteile sind, von der vorläufigen Vollstreckbarkeit ausgeschlossen sind.

Die §§ 708 ff. CPO. lassen sich mit diesen allgemeinen Voraussetzungen für Erteilung der vorläufigen Vollstreckbarkeit durchaus in Einklang bringen. Auch die Entstehungsgeschichte des Gesetzes[1] gibt mehr Anhaltspunkte für die hier vertretene Anschauung, als für die entgegengesetzte, nur auf den Wortlaut des Gesetzes sich stützende. Unter diesen Umständen gewinnt auch die Bestimmung des § 717 an Bedeutung, wo nur von einer Schadensersatzpflicht des Klägers, nicht auch von einer solchen des Beklagten die Rede ist. — Eine weitere Stütze findet die dargelegte Ansicht in dem Verhältnis von Kostenentscheidung zur Entscheidung in der Hauptsache. Auch in dieser Beziehung mag auf die Ausführungen Gmelins[2] verwiesen werden. Die Konsequenzen, welche von Gmelin aus dem Abhängigkeitsverhältnis der Kostenentscheidung zur Entscheidung in der Hauptsache gezogen werden, sind durchaus zu billigen. Nur bezüglich der Kostenversäumnisurteile, die ergehen, nachdem die Hauptsache ohne Urteil erledigt ist, muß Gmelin entgegengetreten werden. Bei diesen durch sofortige Beschwerde angreifbaren Entscheidungen findet, wie schon früher ausgeführt ist, ohne weiteres eine endgültige Zwangsvollstreckung, die vorläufige Vollstreckbarkeit aber nicht statt. Sonach ergibt sich hinsichtlich der Kostenurteile folgendes:

In allen Fällen, in denen in der Hauptsache eine der vorläufigen Vollstreckbarkeit fähige Entscheidung vorliegt, d. h. aber nach dem Vorausgehenden eine Verurteilung des Beklagten zu einer Leistung, nimmt auch die Kostenentscheidung als Accessorium

---

[1] Vgl. hierüber die Ausführungen Hallbauers in der früher erwähnten Abhandlung.

[2] Vgl. die weiter oben erwähnte Abhandlung Gmelins.

der Entscheidung in der Hauptsache an der um der Hauptsache willen erteilten vorläufigen Vollstreckbarkeit insoweit teil, als der Beklagte verurteilt ist. Die nackte Kostenverurteilung kann nie vorläufig vollstreckbar sein.[1]

IV. Die übrigen Bestimmungen aus der Lehre von der vorläufigen Vollstreckbarkeit.

§ 19.

Der § 711 CPO. Besonderheiten in der Berufungs- und der Revisionsinstanz; der § 716 CPO.

I. Zur Vervollständigung der Lehre von der vorläufigen Vollstreckbarkeit sind noch einige Bestimmungen der Civilprozeßordnung zu betrachten. Der § 711 CPO. privilegiert Urteile der Oberlandesgerichte, indem er bestimmt, sie seien auf Antrag auch ohne Sicherheitsleistung für vorläufig vollstreckbar zu erklären, wenn die Voraussetzungen der §§ 546, 547 für die Zulässigkeit der Revision nach dem Ermessen des Gerichts unzweifelhaft nicht vorliegen. Es handelt sich hier nicht um Urteile, die auf Grund der Bestimmungen in §§ 708, 709 CPO. für vorläufig vollstreckbar zu erklären sind, sondern um solche, bei denen entweder eine Glaubhaftmachung im Sinne des § 710, oder aber die ebenda erwähnte Sicherheitsleistung des Gläubigers an sich erforderlich wäre, damit die vorläufige Vollstreckbarkeit gewährt werden könne. Diese Urteile sind nie mit ihrer Verkündung rechtskräftig, weil sie dem Rechtsmittel der Revision unterliegen. Dennoch erscheint gerade bei diesen Urteilen eine Bestimmung wünschenswert, welche die baldige Vollstreckung aus ihnen ermöglicht, damit nicht der Schuldner durch die einfache Tatsache der Einlegung der Revision eine bequeme Handhabe gewinne, den Gläubiger hinzuhalten und dessen Befriedigung ganz oder teilweise zu vereiteln. Gegen diese Möglichkeit soll der durch

---

[1] Vgl. hierzu auch FORKEL in seiner weiter oben erwähnten Abhandlung.

die Novelle ins Gesetz gekommene § 711 schützen und wenigstens in Fällen, in denen das Gericht die feste Überzeugung davon hat, daß eine etwa gegen das Urteil eingelegte Revision nicht nur unbegründet, sondern unzulässig sein würde, die vorläufige Vollstreckbarkeit auch ohne Sicherheitsleistung ermöglichen.

Trotz des allgemeinen Wortlauts der Vorschrift wird man wohl Versäumnisurteile und solche Urteile der Oberlandesgerichte, die auf Grund von §§ 538, 539 CPO. die Sache in die erste Instanz zurückverweisen, nicht zu den in § 711 privilegierten Urteilen rechnen können, die ersteren deswegen, weil das Gericht bei ihnen kaum jemals wird sagen können, daß die Revision unzweifelhaft unzulässig sein werde, letztere, weil sie keinen zur Zwangsvollstreckung im eigentlichen Sinne geeigneten Inhalt haben. (Vgl. übrigens noch §§ 276 und 505 CPO., die analog anzuwenden sind.)

II. Besondere Bestimmungen über die Behandlung der Frage der vorläufigen Vollstreckbarkeit für die Berufungs- und für die Revisionsinstanz enthalten noch der § 718 und die §§ 534 und 560 CPO.

Das Gesetz will die Frage der vorläufigen Vollstreckbarkeit in der Berufungsinstanz offenbar schnell zur Erledigung gebracht wissen. Man kann sich auch sehr wohl vorstellen, daß beide Parteien aufs lebhafteste an der Entscheidung dieser Frage interessiert sind. Auf der einen Seite kommt der Kläger in Frage, dem unter Umständen die vorläufige Vollstreckbarkeit nur unter Bedingungen oder Einschränkungen zuerkannt ist, auf der anderen Seite der Beklagte, der sich durch die vorläufige Vollstreckbarkeit der erstinstanzlichen Entscheidung aufs äußerste gefährdet fühlt, da die Einlegung der Berufung an sich ihn ja nicht vor der Zwangsvollstreckung schützt. Mit Rücksicht auf diese Sachlage sind die Bestimmungen in § 718 Abs. 1 und 2 von Wichtigkeit: „In der Berufungsinstanz ist über die vorläufige Vollstreckbarkeit auf Antrag vorab zu verhandeln und zu entscheiden. Die Bestimmung des § 524 über die Vertagung der mündlichen Verhandlung findet in diesem Falle keine Anwendung.“ — Durch diese Vorschriften wird eine Erledigung der Vollstreckbarkeitsfrage noch vor Ablauf der Berufungsfrist ermöglicht. Es handelt sich im Abs. 1 des § 718 um Fälle, in denen die Entscheidung über die vorläufige Vollstreckbarkeit nicht den einzigen Gegenstand der Berufung bildet. Daß die Vollstreckbarkeitsentscheidung jedoch auch alleiniger Berufungsgrund sein kann, was sich, ganz abgesehen von dem Wortlaut und der Entstehungsgeschichte des § 718, durch die Selbständigkeit des Berufungsinteresses begründen läßt, da dem Gläubiger verstattet sein muß, gegen die Ablehnung seines Vollstreckbarkeitsantrages Berufung einzulegen, unabhängig von dem etwaigen Berufungsentschlusse des Schuldners, hat WACH in überzeugender Weise nachgewiesen.[1] Die Bestimmung in Abs. 2 des § 718 ist in diesem Falle analog anzuwenden. Es kommt derselbe gesetzgeberische Grundgedanke in Frage. (Man vergleiche übrigens auch § 226 CPO.).[2] Auch der Säumige kann ein Versäumnisurteil durch Berufung anfechten, wenn er nur wegen der Entscheidung in der vorläufigen Vollstreckbarkeitsfrage einen Antrag stellt. Die Berufung stützt sich auf die Behauptung einer Gesetzesverletzung durch den Richter hinsichtlich der angefochtenen Entscheidung.[3]

Eine etwas andere Sachlage als die im § 718 CPO. vorausgesetzte haben die §§ 534 und 560 im Auge.

Es handelt sich um Fälle, in denen das erstinstanzliche Urteil entweder gar keine Entscheidung über die vorläufige Vollstreckbarkeit enthält oder aber das Urteil nur unter einer Bedingung für vorläufig vollstreckbar erklärt. Es steht hier nicht in Frage, ob die vorläufige Vollstreckbarkeit zu Unrecht nicht erteilt ist, ob ein Antrag überhaupt nicht gestellt war, oder ob ein Fall des § 712 CPO. vorgelegen hat, es kommt nur auf die Tatsache an, daß das Urteil gar nicht oder nur unter der Bedingung der Sicherheitsleistung durch den Gläubiger für vorläufig vollstreckbar erklärt ist, oder daß dem Schuldner nachgelassen ist, die Vollstreckung gemäß § 713 Abs. 2 CPO. abzuwenden.[4]

---

[1] Vgl. Vorträge, 2. Auflage S. 307 ff.

[2] Vgl. auch GAUPP-STEIN, SEUFFERT, Kommentare zur CPO. zu § 718.

[3] Vgl. WENGLERS Archiv 1882 S. 640.

[4] Vgl. hierzu GAUPP-STEIN, Kommentar zur CPO. zu § 534; WACH, Vorträge, S. 307. Anderer Meinung FORKEL, Vorläufige Vollstreckbarkeit.

In diesen Fällen ist das Urteil erster Instanz, insoweit es durch die Berufungsanträge nicht angefochten wird, auf den im Laufe der mündlichen Verhandlung gestellten Antrag von dem Berufungsgerichte für vorläufig vollstreckbar zu erklären. Entsprechendes gilt in der Revisionsinstanz vom Berufungsurteil, vgl. § 560 CPO. Der Antrag kann in jedem Stadium der mündlichen Verhandlung der betreffenden Instanz gestellt werden, und es wird über ihn durch zu verkündenden (§ 329) unanfechtbaren Gerichtsbeschluß entschieden. Bemerkenswert ist, daß dem Antrage stattgegeben werden muß, dafern nur die Voraussetzungen seiner Zulässigkeit vorliegen, und daß hier, noch bevor ein Urteil in der Hauptsache ergeht, bereits in unanfechtbarer Weise über die Frage der vorläufigen Vollstreckbarkeit entschieden wird, eine Erscheinung, die nur dadurch erklärt werden kann, daß der, gegen den sich die vorläufige Vollstreckbarkeit richtet, die Verteidigung gegen das Urteil in dieser Beziehung aufgegeben hat.[1] Es kann keinem Zweifel unterliegen, daß das Gericht die Entscheidung über jenen Antrag sofort erlassen muß, wobei für Beurteilung des Umfanges der Anfechtung der Zeitpunkt maßgebend ist, in dem der Antrag gestellt wird. Durchaus möglich ist, daß durch Anschließung oder Erweiterung der Berufungsanträge nunmehr auch das Urteil in Punkten angegriffen wird, bezüglich derer bereits die vorläufige Vollstreckbarkeit der vorangegangenen Entscheidung durch den erwähnten Beschluß ausgesprochen ist. Bleibt nunmehr die vorläufige Vollstreckbarkeit bezüglich der neuerdings angegriffenen Punkte bestehen, ist der sie anordnende Beschluß aufzuheben, oder was ist sonst zu tun?

Forkel[2] vertritt den Standpunkt, der Beschluß und die vorläufige Vollstreckbarkeit blieben im bisherigen Umfange bestehen; Gaupp-Stein,[3] Seuffert[3] und Petersen-Anger[3] wollen den § 719 CPO. zur Anwendung bringen und sprechen sich dafür aus, man müsse die Wirkungen des Beschlusses durch die im § 719 an die Hand gegebenen Maßregeln unschädlich machen, könne aber den

[1] Vgl. Wach, Vorträge S. 307, Anmerkung.
[2] Vgl. Vorläufige Vollstreckbarkeit S. 24
[3] Kommentare zur CPO. zu § 534.

Beschluß selbst nicht aufheben. WACH[1] erklärt sich für Aufhebung des Beschlusses. Die FORKELsche Meinung führt zu dem gewiß nicht zu billigenden Ergebnisse, daß man, falls einmal die vorläufige Vollstreckbarkeit durch Beschluß angeordnet, auf Grund dessen aber noch gar nicht vollstreckt wäre, und nun die Berufungsanträge erweitert würden, kein Mittel hätte, die nunmehr durch § 534 nicht mehr gerechtfertigte Vollstreckung aufzuhalten. Bei der von den erwähnten Kommentatoren vertretenen Meinung ist bedenklich, daß nach ihr wohl eine Möglichkeit der Hemmung der vorläufigen Vollstreckbarkeit geschaffen würde, nicht aber ein Zwang für den Richter. Zudem erscheint fraglich, ob § 719 seinem Gedankeninhalt nach auf den vorliegenden Fall Anwendung finden kann, denn nicht die Einlegung des Rechtsmittels ist das hier Maßgebende, sondern eben der Umstand, daß ein gewisser Teil des vorangegangenen Urteils unangefochten geblieben war, eine Voraussetzung, die durch Erweiterung der Berufungsanträge ganz oder teilweise hinfällig geworden ist. Man muß nach alledem die WACHsche Ansicht für die richtige halten. An der Zulässigkeit der Aufhebung eines derartigen Beschlusses dürfte auch wohl gar nicht zu zweifeln sein. Von Wichtigkeit für sämtliche Entscheidungen, die in der Berufungsinstanz hinsichtlich der vorläufigen Vollstreckbarkeit ergehen, ist endlich die Bestimmung im Abs. 3 des § 718 CPO., aus der sich ergibt, daß eine Anfechtung der hinsichtlich der vorläufigen Vollstreckbarkeit in der Berufungsinstanz erlassenen Entscheidung nicht stattfindet. Hierbei ist es einerlei, ob sich die erste Instanz schon mit der Frage der vorläufigen Vollstreckbarkeit beschäftigt hatte oder nicht. In Betracht kommen nur Urteile der Oberlandesgerichte, da die Berufungsurteile der Landgerichte mit Rücksicht auf § 545 CPO. als rechtskräftige ausscheiden.[2]

III. Es erübrigt noch, über die Bestimmung des § 716, über die zum Schutze des Schuldners in den §§ 712, 713 und 719 erhaltenen Vorschriften, sowie über den Zeitpunkt der Stellung der in der Lehre von der vorläufigen Vollstreckbarkeit vorkommenden Parteianträge kurz zu handeln.

---

[1] WACH, Vorträge S. 307, 308, Anmerkung.

[2] Vgl. GAUPP-STEIN, Kommentar zur CPO. zu § 718.

Der § 716 bestimmt, daß die Vorschriften des § 321 CPO. wegen Ergänzung des Urteils zur Anwendung kommen sollen:

1. wenn der Antrag, das Urteil für vorläufig vollstreckbar zu erklären, übergangen ist,
2. wenn in Fällen des § 708 CPO. eine Entscheidung über die vorläufige Vollstreckbarkeit nicht ergangen ist.

Es ist bei dieser durchaus klaren gesetzlichen Bestimmung unzweifelhaft, mag aber, da auch gegenteilige Meinungen vertreten sind, noch besonders hervorgehoben werden, daß die Ergänzung des Urteils nur gefordert werden kann von dem Gläubiger, dessen Antrag aus §§ 709 oder 710 übergangen ist, oder, im Falle unter 2, ebenfalls von dem Gläubiger, dafern das Urteil die Vollstreckbarkeitserklärung nicht enthält. In beiden Fällen liegt ein Verstoß gegen das Gesetz vor, und dieser soll im Wege der Urteilsergänzung beseitigt werden können. Dagegen hat man weder nach dem Wortlaut des Gesetzes noch auch aus inneren Gründen irgend welche Veranlassung, anzunehmen, daß der § 716 auch anzuwenden sei, wenn die sogenannten Schutzanträge des Schuldners, wie sie sich aus den §§ 712, 713 ergeben, übergangen sind. Man hat es in der Bestimmung des § 716 mit singulärem Recht zu tun, eine erweiternde Auslegung ist nicht zulässig.[1]

§ 20.

Die Schutzbestimmungen für den Schuldner in den §§ 712, 713 CPO.

Zeigt sich in der zuletzt erwähnten Vorschrift, wie überhaupt in den meisten Bestimmungen über die vorläufige Vollstreckbarkeit eine weitgehende Begünstigung des Gläubigers, die zu großen Härten gegenüber dem Schuldner oder vielmehr dem unschuldig verurteilten Beklagten führen kann, so besteht doch, abgesehen von den Bestimmungen der §§ 719, 720 CPO. zugunsten des Schuldners noch eine Möglichkeit, der Erlangung der vorläufigen Vollstreckbarkeit durch den Gläubiger vorzubeugen. In Betracht kommen die §§ 712, 713 CPO.

---

[1] Vgl. Forkel, Vorläufige Vollstreckbarkeit S. 19.

Der § 712 bestimmt:

1. daß Urteile, die an sich auf Grund von § 708 von Amts wegen für vorläufig vollstreckbar erklärt werden müßten,
2. Urteile, die auf Antrag des Gläubigers gemäß § 709 oder § 710 CPO. für vorläufig vollstreckbar zu erklären wären, dann nicht die vorläufige Vollstreckbarkeit aussprechen dürfen, wenn glaubhaft gemacht wird, daß die Vollstreckung des Urteils dem Schuldner einen nicht zu ersetzenden Nachteil bringen würde.

In den unter 1 gedachten Fällen ist im Urteilstenor auszusprechen, daß das Urteil nicht vorläufig vollstreckbar sei, während in den unter 2 erwähnten Fällen der Antrag des Gläubigers zurückzuweisen ist. Vergleicht man die Bestimmung mit der entsprechenden im § 710 zugunsten des Gläubigers erlassenen, so zeigt sich auch hier wieder dessen Bevorzugung. Der Gläubiger braucht zur Erwirkung der vorläufigen Vollstreckbarkeit nur einen schwer zu ersetzenden oder schwer zu ermittelnden Nachteil glaubhaft machen oder aber sich zur Sicherheitsleistung erbieten, der Schuldner dagegen muß zur Abwendung der vorläufigen Vollstreckbarkeit drohenden unersetzlichen Nachteil glaubhaft machen.

Für Fälle, in denen der Schuldner zu der im § 712 erforderten Glaubhaftmachung nicht in der Lage ist, hat der § 713 CPO. Bedeutung:

Das Gericht kann nach dieser Bestimmung die vorläufige Vollstreckbarkeit von einer vorgängigen Sicherheitsleistung abhängig machen. Es ist an einen Antrag des Schuldners zu denken in Fällen, in denen das Gericht entweder ohne Antrag oder auf Antrag des Gläubigers zur Anordnung der vorläufigen Vollstreckbarkeit ohne Sicherheitsleistung kommen könnte.

Statt diesen Antrag zu stellen, kann aber der Schuldner auch sich selbst zur Sicherheitsleistung erbieten, was zur Folge hat, daß das Gericht ihm im Urteil — der dahingehende Ausspruch erhält seinen Platz im Urteilstenor — nachzulassen hat, durch Sicherheitsleistung oder durch Hinterlegung die Vollstreckung abzuwenden. Erbietet sich allerdings der Gläubiger, vor der Vollstreckung Sicherheit zu leisten, so kann das Sicherheitserbieten des Schuldners die Vollstreckung nicht hindern. Dann erlangt der Gläubiger unter allen Umständen die vorläufige Vollstreckbarkeit, es sei denn, daß der Schuldner gemäß § 712 drohenden unersetzlichen Nachteil glaubhaft macht.

§ 21.
Über den Zeitpunkt zur Stellung der Parteianträge; der 714 CPO.

Der § 714 CPO. sagt von den erwähnten Parteianträgen, die aus den §§ 709—713 CPO. sich ergeben, alle diese Anträge seien zu stellen vor Schluß der mündlichen Verhandlung, auf welche das Urteil ergehe. Diese Bestimmung schafft eine Präklusionsfrist für Stellung der bezeichneten Anträge[1] mit der Wirkung, daß die Anträge nach Ablauf jener Frist wirksam nicht mehr gestellt werden können. Nur auf Grund mündlicher Verhandlung und nur durch Urteil kann über jene Anträge erkannt, nicht etwa kann nachträglich durch Beschluß die vorläufige Vollstreckbarkeit angeordnet werden.[2] Bis zum Schluß der mündlichen Verhandlung aber ist die Stellung der betreffenden Anträge zu jeder Zeit möglich.[3]

Über die rechtliche Bedeutung der sich auf die Erteilung der vorläufigen Vollstreckbarkeit beziehenden Anträge haben sich Meinungsverschiedenheiten ergeben. Man hat diese vielfach als eigentliche Sachanträge angesehen und auf sie die Bestimmungen der §§ 129, 130, 297 und 335 CPO. anwenden wollen, jedoch mit Unrecht. Man hat es in diesen Anträgen nur mit Prozeßanträgen zu tun, die den Gegenstand der Verurteilung als solchen gar nicht berühren, sondern nur für die Vollstreckung des geltend gemachten Klaganspruchs Bedeutung haben. Wären diese Anträge auch nur als auf Nebenansprüche im Sinne von § 321 CPO. be-

[1] Vgl. Wenglers Archiv 1887 S. 560.

[2] Ausnahmefälle die §§ 534, 560 CPO.

[3] Zu vgl. RG. XX S. 425; Forkel, Vorläufige Vollstreckbarkeit und die dort Angeführten.

zügliche aufzufassen, so würde der § 716 CPO. vollkommen überflüssig erscheinen; auch würde der § 708 in scharfen Widerspruch mit der sogenannten Dispositionsmaxime treten, die doch im wesentlichen unsere Civilprozeßordnung beherrscht.[1]

Schluß.

Es wäre zwecklos, über die Bedeutung der vorläufigen Vollstreckbarkeit für das heutige Prozeßleben noch Worte zu machen. Wer den Gang des deutschen Civilprozesses auch nur in einer geringen Anzahl praktischer Beispiele beobachtet hat, weiß, daß das Institut der vorläufigen Vollstreckbarkeit aus der Civilprozeßordnung ohne erheblichen Schaden für unser wirtschaftliches Leben überhaupt nicht weggedacht werden kann. Schon unwillkürlich wird man auf die praktische Wichtigkeit der bezeichneten Einrichtung aufmerksam, wenn man tagtäglich im Amtsgerichtsprozeß hört, wie fast alle Urteile für vorläufig vollstreckbar erklärt werden, wie die Entscheidungen fast ausnahmslos über die Frage der vorläufigen Vollstreckbarkeit sich äußern, und wenn man auf jedem der Formulare, welche die Gerichte für ihre Versäumnis- und Anerkenntnisurteile verwenden, gedruckt den Satz vorfindet: „Dieses Urteil ist vorläufig vollstreckbar."

Die vorausgehende Abhandlung sollte durch Auslegung der in Betracht kommenden Gesetzesstellen ein Bild von dem Wesen und der Bedeutung der vorläufigen Vollstreckbarkeit geben. Die Ausführungen zeigen, wie viele Streitfragen sich auf einem verhältnismäßig kleinen Gebiete haben bilden können. Es ist versucht worden, wenigstens zu den wichtigsten die vorläufige Vollstreckbarkeit berührenden Fragen Stellung zu nehmen. Daß in allen Punkten eine reine einwandfreie Lösung der Kontroversen, eine Entscheidung, die Anspruch auf allgemeine Anerkennung erheben könnte, gefunden worden sei, kann und soll nicht behauptet werden. Es kann auch zweifelhaft erscheinen, ob es bei dem

[1] Vgl. hierzu Forkel, Vorläufige Vollstreckbarkeit S. 17, 18 und die dort Angeführten.

augenblicklichen Stande unserer Gesetzgebung möglich ist, volle Einigkeit über die Auslegung der behandelten Bestimmungen zu erzielen.

Man muß durchaus einen vollkommen einheitlichen Zwangsvollstreckungsbegriff, einen vollkommen einheitlichen Sprachgebrauch bezüglich der Worte „Vollstreckbarkeit" und „vollstreckbar" im Gesetze anstreben. Eine durchaus genaue Fassung der §§ 708, 709 CPO. und eine ausdrückliche Vorschrift des Gesetzes über die vorläufige Vollstreckbarkeit der Kostenentscheidung sind wünschenswert.

Vielleicht wird erst eine Gesetzesreform imstande sein, volle Klarheit auf den behandelten Gebieten zu schaffen, und es wird bis dahin der Kampf der Meinungen fortdauern.

Für die derzeitige Auslegung aber war maßgebend, und mußte es sein:

In ambigua voce legis ea potissimum significatio accipienda est, quae vitio caret.

FSC
www.fsc.org
MIX
Papier | Fördert
gute Waldnutzung
FSC® C083411

Kolibri 360 GmbH
Ferdinand-Jühlke-Straße 7
99095 Erfurt, Deutschland
produktsicherheit@kolibri360.de